科研費システム改革と科研費獲得の真髄

まえがき

本書は、2013〜2016の3年間、日本学術振興会学術システム研究センターで行った議論を土台としている。センターは、8分野の研究者を主任研究員として全国の大学から集め、約20名で主任研究員会議を行った。主任研究員以外にも、センター所長、副所長4名、理事長、幹事、監事2名及び日本学術振興会の課長、係長以下係員数名が参加するものであった。私は、3年間議長をした。

1ヶ月2回行われる主任研究員会議では、必ず1回は発言するように促した。そのうち収拾が付きにくくなるほど、議論が百出するようになった。

本書はその議論を私のフィルターを通してまとめたものである。

目次

第2章 文部省科学研究費助成事業(科研費)審査システムの改革

第1章

ボトムアップの科学研究費支援制度

(1) 国力とは何か

学問の理念は「宇宙を知り、人間を知る」ことである。「知」への渇望といえば聞き慣れない生煮えの表現だが、かつて日本には、たぎり立つ者たちがいた。

福澤諭吉は、その著『学問のすゝめ』の中で、「一身独立して一国独立す」とし、学問の核心を簡潔に記した。

学問することは、他者と学識を比べることではない。自らの考え方の基盤となる知識を常に蓄積し、また更新し、他に依存せず、へつらわず、対等に議論し、寛容に受け入れることができる人格を涵養していくことであるとしたのである。「独立自尊」である。

福澤の時代の学問とは、各藩が競って藩校を設け、政治、経済、産業、軍事など藩の経営を任せるべき人材の育成の基礎とするものであった。全国から俊英が集まった適塾では、解体新書を読みながら、オランダ語でターヘルアナトミアを競って輪読し、談論風発していたという（福澤諭吉「福翁自伝」岩波書店　１９８４年）。適塾は、塾生の自発的学問修行の場であった。

自学自習を行った適塾は我が国独自の大学の起源ではないか。今アクティブ・ラーニングなどと大学主導で行っていることに比べれば適塾は期せずして自発的に自学自習が行われていたのだ。

塾頭は置いたが、１年ごとの輪番制で、塾頭の一人が福澤であった。そして適塾から明治維新に活躍した多くの人材が輩出された。

学問は「国力の源」である。

国力とは、政治、外交、軍事、経済産業、科学技術などの他、自然観や倫理観などを含む文化力など、多くの要素から成り立つ国家の総合力のことである。これらを支えているのは、学問である。

学問の理念は「宇宙を知り、人間を知る」ことである。

今、その学問の基盤が揺らいでいる。大学は、学力の低下が著しい。これは国力の極度の低下を示している。

(2) 大学改革

かつて国民は大学のパトロンであった。成果の見返りを求めず人材に投資してきた。しかし、近年パトロンからスポンサーとなって大きく見返りを求めるようになった。その結果、競争が激しくなり、ある分野では大きな進歩があったが、別の分野は取り残され、全体として大学の知的基盤は低下した。

どちらが良いというわけではないが、施策の時期と場とを綿密に検討しながら舵取りを行う必要があるのではないか。

何もかにもに見返りを求めた結果、文化的国力の厚みの衰退を招き、国家の品格の低下は著しく、近年、日本の「科学技術創造立国」の根幹を揺るがす事態となりつつある。

その原因は大学の構造的変質にある。少なくとも、30年前には、大学のどの教授や若手の研究者たちをとっても、非凡で、個性的、規格外、桁外れの変人、奇人が、そこいら中にいたものだ。その豊かな多様性は、互いに互いを認め合い、切磋琢磨する愉快なる知的活動の場であった。

大学の持つアカデミズムは伝統的なものであるが、決して古臭いものではない。お互いに寛容で、議論百出し、常に新しい波が湧き起こるというものである。

アカデミズムは、時に権力にとって目障りなものだ。しかし、アカデミズムあってこそ大学は存在する。

大学は、同調圧力を嫌い、個性的な知的創造性を重んじ、新規性や新奇性、物の見方や考え方を転換することによって物や事の本質を突き詰め、自然物や人工物の存在の仕組みを明らかにしてきた。その根底にはアカデミズムがある。

このような思想を持つ大学はなくてはならない人類の文化形成の拠点なのだ。然るに、最近の科学技術及び学問の振興に関する総合科学技術・イノベーション会議は、民主主義の基本である適正な手続きを無視して大学の研究環境を構造的に変質させ、その結果として「科学そのもの」を破壊しつつあるのではないか。

総合科学技術・イノベーション会議は、傘下にある「産業競争力会議」を利用して、産業界と組んで、直接「大学改革」を押しつけようとしている。2015年議長である甘利明経済大臣が橋本和仁東京大学大学院工学系研究科教授（当時）を、唯一の大学関係者として議員に指名した。曰く、この会議で「大学改革」を推進するためであるという。その結果、産学連携中心の「大学改革」が、文科省の審議を経ずに、あるいは空洞化したまま進められている。研究や教育に馴染まない「ガバナンス」を中心に据えるなど、悪意さえ感じる「大学改革」である。

そもそも、大学での学生、院生及び教職員の教育と学問研究の実践は、教授をはじめとするファカルティがメンターとなり、授業と演習とを通して、自学自習ができる能力を開発し、育て、それと並行して、学生や大学院生に課題を与えながら自ら学問の修行を求めることである。大学院博士課程に進むと、それまでに蓄積してきたメタラーニングを基盤として、内発的動機に基づく課題を指導教官と議論しながら決め、学位取得のための知的挑戦に没頭する時間が与えられる。時間も、空間も、最低限の費用も自由に使えることを理想として、どの国も最高の頭脳を発掘し、育てる環境を整えてきた。特に、テーマ設定に関しては、それが新しく、挑戦的で、普遍性の高い学問的価値があることを指導教官とともに調べ尽くし、議論し尽くし、本格的な研究が始まる。このようにして、自立した研究者が育っていく。それは、積み重ねられる知的作業によってのみなされることで、「学者としての知的活動が、熟練され続けるもの」（学者は学問に関する熟練者であり、季節労働者ではない）

である。そのことによって我が国の研究力は世界の中でトップレベルに到達し、1990年ごろまで、その環境を維持してきた。産業界の言葉でいえば大学は「知識」の生産現場であり、産業界は「知識」の消費現場である。大学は、新しい「知識」を生産する人を育てながら、自ら「知識」を生産しているところである。また、知識は、このような伝統のもと、個人の自由な発想に基づく「熟練された研究者」によって蓄積されてきた。

しかし個人には、地位や名誉や資金など自由を妨げる様々な欲があり、それらの欲を利用した権力からの誘惑と誘導は、自由な活動の阻害要因となる。それらの誘導に囚われることなく、限界のない個人の自由な発想による学問研究を実践するには、個人は、権力の持つあらゆる強制力が届かない立場として独立していなければならない。この学問のボトムアップ制を保障するのが、憲法第23条「学問の自由」である。そして、その「学問の自由」を補完するために「大学の自治」、すなわち「大学のことは大学自らが決める＝権力からのコントロールを排除する（人事介入への抵抗)」が先人たちによって獲得されてきた。

ただし「大学の自治」を各大学や学部などに狭く理解してはならない。もっと基本的で大きなものなのだ。「学問の自由」及び「大学の自治」は、思想信条の自由である。もし「学問の自由」が権力によって侵されたと感じられたとき、正統な手続きのもとで、個別大学ではなく、すべての大学が連帯して発動すべきものなのである。その行使は受動的であるが、必要なときには、断固として沈黙すべきではないのだ。

最近、権力が「学問の自由」を脅かす典型的な事例が起きた。日本学術会議の会員に任命された6名が菅義偉首相から任命を拒否されたのである。学術会議は直ちに理由を聞くとともに、受け入れ拒否を示した。これに対して首相は人事のことはすべて秘密だから理由は明かせないと国会で答えた。その日のNHK『ニュース9』でキャスターの同じ質問に対して、菅首相は机を「ドン」と叩いて、「言えないものは言えない」と恫喝した。驚いたのは多くの視聴者である。有馬嘉男キャスターと『クローズアップ現代』の武田真一キャスターは飛ばされ、新聞には抗議の投書が殺到し、自民党幹部からは、組織の再編を「未来志向」で相談すべきとの提案がされた。「未来志向」とは、過去は水に流してとの意味であろう。学術会議梶田隆章議長は相談に応じたが、すべての任命拒否を撤回しない限り、先に進めないとした。当然のことである。この問題は今になっても続いている。東京大学の加藤陽子教授が「首相が任命撤回を撤回しなければ納得できない」と当たり前だが、断固として要求を取り下げないからである。この事件は「学問の自由」「大学の自治」を蹂躙する教科書に載せるべき典型ではないか。加藤陽子教授は英雄である。

しかし、このようなことがあっても学術会議とそれを支える大学は、ストライキもせず存続する。呆れたものだ。

法人化を機に、教育及び学問研究の府であった大学が、経営のための大学に変質した。経営のための理事長（学長と同一人）を置き、実質的な経営主体である文科大臣から各大学へと運営の主体が移譲された。そして運営費交付金で各大学が運営されることになった。確かに運営の自由度は大きくなったといえるが、それも十分な額があってのことである。運営費交付金は徐々に減らされ、本来の収入の道は暗く、学者である理事長が運営経費を自ら工面する立場に追いやられている。そのため、ファカルティである教授をはじめとする教官が、大学に雇われ、経営を助ける従業員として、自ら及び若手研究者の人件費を得るために企業との共同研究や、他省庁の受託研究などを得ることに奔走している。大学での、自由で個性的で創造的であることを本質とするレベルの高い学問研究を外に追い出して、学問研究とはいえない他からのコントロール下での仕事を「非正規や季節労働者的」なポスドクを雇用して行うようになったのだ。

また、その被雇用者の人件費のたとえば3割を公費で賄うことにして、大学での研究を行う立場と辻褄を合わせてきた。熟練者によって担われている科学研究が目先の変わる短期的に成果を求めざるを得ない季節労働者に肩代わりできるはずがないのである。こうして、科学及び技術は新鮮味を失い、創造的で野生的な個性が軽視され、ついに「科学技術創造立国」の衰退とまでいわれる事態になったのだ。

その原因は、政府や企業が大学のパトロンであることを忘れ、大学へのスポンサー的投資に明け暮れたことにある。しかもその額を徐々に減額するというのでは大学がいくら自助努力をしても助かる見込みはない。

さらに悲惨なことに、この非正規研究労働者たちは使い捨てにされ、顧みられることなく行く道をなくしている。それこそ皆が憂うる我が国の研究力の低下をもたらしているのみならず、未来の科学者を使い捨てているのだ。科学者が育っていない未来には、次世代の科学者を育てる人材がいないことになる。すなわち科学技術の本質的質の低下を招いた元凶は、法人化後の大学の変質であることは明らかである。

さらに最近、大学債を発行し企業から借金するに至った。返す当てのない借金はやがて不良債権となり、大学が企業に買収されかねない事態である。国内企業を経て国外に渡る危険性もなしとしないと思われる。

しかし、この筋書きは、青木昌彦編集『大学改革　課題と争点』(東洋経済新報社、

２００1年）として出版されている。総合科学技術・イノベーション会議が進めてきたことは、行政の正統な手続きを無視して、また当事者である大学の教学の長としての学長や教授及びファカルティの意向を聞くことなく、無視して進められたのではないか。その政治の当事者たちが、いわゆる「大学改革」で行った政策である人事にも関わる大学の人件費を企業や他省庁にまで拡張しようとしている。これは「学問の自由」への挑戦と捉えるべきである。すなわち、自由な発想からのみ提出されるべき研究が、自主性・自立性という自己規制のもと「大学の自治」とは似ても似つかぬ提案を強制されている（毎日新聞「幻の科学技術立国」取材班『誰が科学を殺すのか　科学技術立国「崩壊」の衝撃』毎日新聞出版、２０１９年）。

さらに、ほとんど最後の学問の砦である科研費が蹂躙され、権力にすがる研究労働者ばかりになれば、非凡な科学者は育たなくなり、次代になれば育てる人も方法も失われてしまう。

法人化後の総合科学技術・イノベーション会議の、このような施策は明らかに

「大学の自治」を根底から破壊するもので、本来なら「むしろ旗」が立ってもおかしくない事態だと思われる。おそらく総合科学技術・イノベーション会議は、そのことを警戒していることから、正統な手続きを取らずに、大学などに施策を伝えるだけで意見を聞く機会を意図的に省略しているものと思われる。学問をする者にとって、これほど悲しく怖いことはないが、聞こえてくるのは、「大学改革」を推進すると称する総合科学技術・イノベーション会議及び政策推進者たちの声である。

ここで語られる「大学改革」とは、法人化前に語られた筋書きにある意図的な、経営を重視する大学への変質である。また近年、運営費交付金が競争的に傾斜配分されるようになったことなど、「大学の自治」そのものに対する、まったく不可解な挑戦である。運営費交付金は評価による傾斜配分はしないと約束していたではないか。このような違反に関わることまで一方的に通告に近い形で行われるのは、やりたい放題ではないのか。正統な手続きを飛び越えてなされ続ける暴挙である。

運営費交付金を配分するにあたって、各法人は「自立的・自律的」に中期計画・

中期目標を提出して良いということになっている。「自立的・自律的」とは「大学の自治」とは似て非なるもので、自己規制のことであり、中期計画・中期目標は書き直しを要求される。抵抗すると確実に評価が下がる。これは強くいえば「憲法違反」である。

大学から見て、知識の生産現場をどのように位置付けているのか。大学は、本来「社会の公器」である。国民によってのみ支えられている大学を「政権または産業界の私器」にしようと疑われても仕方がない。絵に描いたような「学問の自由」への破壊的挑戦である。

一方、研究費を受ける側にも不思議な現象が起こった。役に立つ研究をすべきだというものである。大学院博士課程説明会で誰が役に立つ研究をしているのかという質問を受けた。明らかに企業寄りのテーマがあるかという探りである。

役に立つか立たないかはやってみなければわからない。目的どおりの役に立てば良いが、そんなことはほとんどない。しかし、目的と違ってもその成果は必ず別の役に立つものだ。心配することはない。未来は現在より広いのだ。

そもそも、本来テーマは個人が選んだり、問うたり、立てたりするものであって質問の未熟さが感じられた。しかも、役に立つ研究をすべきだというのは、産業界のみならず学会の一部でも流行しているのは驚くべきことである。

(3) 大学改革への圧力

21世紀初めのミレニアムにあたって様々な報告が出た。最も真面目で重要なものは、1999年に学術審議会が出した（科学技術創造立国を目指す我が国の学術研究の総合的推進について―「知的存在感のある国」を目指して―）ものである。その後、通商産業省（以下「通産省」とする）及び科学技術庁（以下「科技庁」とする）の介入が激しくなり、青木昌彦編集『大学改革　課題と争点』（東洋経済新報社、

２００１年）に書かれているとおり、学術施策が経済至上主義的進み方をしているように見える。また、自民党の規制改革会議の大学改革に関する現在も続く当時の議論を思い出す。東京大学の私学化（寄付金１兆円構想）や国立、公立、私立を地域化し地域の（文化及び）経済の特色ある中心とするなど、地方の政治的有力者の意向に沿う殖産興業的雰囲気の強い構想が談論風発ともいって良いほど無防備に語られてきた。

法人化を機に大学のマインドは中期目標の達成度のランク付けによってなされるコントロールに怯え、様々な運営資金に一喜一憂するまでに弱いものになった。東京大学は率先して外部資金獲得を推進したために、他大学では決してできない方策を実現し（毎日新聞「幻の科学技術立国」取材班『誰が科学を殺すのか　科学技術立国「崩壊」の衝撃』毎日新聞出版、２０１９年）、一人勝ちとともに、他大学に弱者の烙印を押させた。

そして、いよいよ研究力強化というベクトルを設けて大学を乗っ取るという20年前からの計画の仕上げに入ったものと思われる。強化というのが学術や研究に適切か。真の裏には偽があり、善の陰には悪が、美の影には醜があるからこそ人間社会は豊かになっているのであって、この多様で、自由な社会である安定した文化国家こそ、我が国の姿だったはずだ。強化とは多様性を強化するのか、それとも一点突破なのか。

大学は、本来「社会の公器」であり、国民によってのみ支えられているものだが、「時の権力または産業の私器」にしようと疑われても仕方がないものと思われる。特に深刻なのは、絵に描いたような「学問の自由」への破壊的挑戦だ。なぜ、どこからも徹底的な不服従の狼煙が上がらないのか。現場を離れた私のような人間から見ると、不思議千万である。

以上述べたことから次のような結論になる。

大学の人材を「非正規や季節労働」的な、外部資金で雇用することによって、本来の学術研究の知的豊かさが失われ、短期的な成果を求める環境に変質させた。

大学のファカルティである教官が、経営者（理事長）に、人事や資金配分をインセンティブにして従業員として働かされるようになり、ファカルティとしての自覚が失われ、外部資金の獲得が、社会貢献と錯覚させる変質が起こっている。大学の社会貢献は、教育によって豊かな知的基盤をもつ学生を輩出すること、及び新しい知識を生む研究を徹底して行うことであって、それを静かに落ち着いて社会に報告していくことである。それを通して社会の知的レベルを上げることへの貢献であって、経済効果を先にするのは甚だしい本末転倒である。

「科学技術創造立国」の基盤である、修行し、熟練して、自立したファカルティによる大学での個性的な創造的研究が、経営のための外部資金の獲得に忙殺されることによって破壊され、ついには外部資金獲得が自己目的化しつつある。このことは、大学での創造的研究を志す研究者たちの士気を著しく削ぎ、本末転倒の「大学改革」に陥り、大学の構造的変質につながっている。

最後に憂慮されることを述べたい。それは、科研費の直接経費の中に研究代表者の人件費を組み込もうという企てが、最近の総合科学技術・イノベーション会議からの報告でなされていることである。大学の変質と同様、科研費が人件費獲得の道具となれば、科学研究そのものを変質させる可能性が高いと憂慮するものである。

令和2年に総合科学技術・イノベーション会議から出された「研究力強化・若手研究者支援総合パッケージ」によると、その思想は 人件費特に若手研究者への人件費を研究費とセットで支給するというものである。もし科研費にこれが導入されると、前述したとおり、科学研究の質が変わるのだ。自立した研究者が獲得する科研費で自らの人件費を取ることが常態化すれば、所属する大学からの圧力が強く意識され、創造的挑戦は萎縮し、新規かつ新奇な研究計画は影を潜め、目的が人件費獲得になり、その手段が研究計画の作成となるに違いない。既に間接経費を獲得するために科研費申請資格者に対して学長から必ず科研費申請するようにという強制力が働いた結果、質の低い申請が増加するとともに、技術的にパターン化した大量の申請書が提出され、審査負担の過重が現実に起こっているのである。すなわち、目的と手段とを意図的に反転させる本末転倒によって学術研究は益々貧しくなり、研究力の強化どころか、国民が支える「社会の公器」たる大学及びその本務である科学研究を破壊している。これは、豊かに発展してきた科学の歴史を無視した権力による大学の私物化なのだ。さらに「学問の自由」を形骸化し、未来での再興も困難にしてしまうものだと考える。極めて深刻な事態なのだ。

博士課程の雇用を科研費から、というのも、大きな懸念がある。これは、大学から要求すべきもので、大学教員の人件費と同じように理事長（経営者）の集まりである国立大学協会（国大協）や実質的経営者である文部科学省で議論すべき事柄である。

一方、従来の大学の使命である教育と研究は学長にその責任を委ねてきた。ここが「大学改革」を主導した者たちの付け込む隙となり、学問研究が経営に、「大学改革」は総合科学技術・イノベーション会議主導で行われ、個別の大学が独自の収入を得るための、できないことをさせられるという心配どおりになってしまった。

科研費は学術マターだ。学長の関心事であって、理事長の関心事ではないはずだ。人件費は経営マターだ。科研費に人件費を入れようとすることは、経営者の意向を入れようとするもので極めて危険である。もし、これが認められれば、人件費は、運営費交付金あるいは一般財源で賄うべきものでなくなり、人件費とは何かということになる。

大学は真の文化形成の拠点であり、そのためには権力から守るべき「学問の自由」を侵そうとする企みに対して敏感であるべきであり、断固として論駁《ろんばく》すべきである。法人化を機に教育及び学問研究の府であった大学が、経営のための組織となった。ところが運営費交付金は徐々に減らされ、本来収入の道に暗く、学者である理事長が運営経費を自ら工面することに追いやられてしまった。

先にも述べたが、学問研究を志す熟練者によって担われている科学研究が、目先の変わる短期的で、成果を求める季節労働者に肩代わりできることなどあり得ない。「学問の自由」に守られているはずの、大学での創造的研究は、新鮮味を失い、躍動的な個性が軽視され、ついに「科学技術創造立国」の崩壊とまでいわれている。さらに悲惨なことに、この非正規研究労働者たちは使い捨てにされ、顧みられることなく行く道をなくしてしまっている。それこそ皆が憂う我が国の研究力の低下のみならず、未来の科学者を使い捨てているのだ。すなわち科学技術の本質的な質の低下を招いた元凶は、法人化後の大学の変質であることを改めて強調したい。

本来「社会の公器」であり、国民によってのみ支えられている大学は「ときの権力または産業の私器」ではないのだ。

(4) 大学改革に対する様々な意見

論点：岐路に立つ、国立大文系
毎日新聞　２０１５年７月24日　東京朝刊

◇全体主義国家への危機　佐和隆光・滋賀大学学長

国立大学が揺れている。文部科学省が人文社会科学系や教員養成系学部の改組や廃止を求めたのである。少子化のなか、限られた財源を効果的に配分する――というのが大義だ。3度目となる「成長戦略」と「骨太の方針」に「生産性の向上」を掲げた安倍政権。「知」の価値もまた、「効率」を尺度に評価される。

国立大学が2004年度に法人化されるのにあたって、国会で参考意見を求められ、法人化は国立大学行政のソビエト化につながるという話をした（佐和隆光）。中期目標を立てさせ計画達成に応じて運営費交付金にメリハリをつける。旧ソ連では各工場が年次目標を義務づけられ、遂行できない工場長はシベリア送り。求められるのは生産性のみ。それと同じ構図になると予感したからだ。大学の自主性が重んじられるという話だったが目付けは年々厳しくなっている。

安倍政権の政策決定の上で、力を発揮しているのが産業競争力会議だ。国立大学改革にも口を出す。議長の安倍晋三首相のほか、8人の閣僚に7人の企業人。学者はわずか2人。そういうメンバーで「大学」を論ずれば、効率優先を掲げて、教員養成系や人文社会系の学部、大学院を「社会的要請の高い分野に転換」する方針を示すのは当然のことだ。文系の領域は国益に結びつかないというわけだ。文科省の有識者会議では「憲法よりも宅建業法を教えろ」という意見が出ている。文系は職業訓練校として生きろというのである。これまでも文系学部が有害無益と見なされた時代があった。戦争末期、地方の高等商業学校は工業学校への転換を迫られた。１９６０年、岸信介内閣の文相が国立大学の法文系学部を廃して、理工系のみの教育に特化すべきだと論じた。産業界から強い要請があったことに加え、60年安保での激しい学生デモも無縁ではない。文系で磨かれる批判精神に臆したのだ。

その後の池田勇人内閣が掲げた所得倍増計画でも理工系学部の振興が掲げられた。当時の著名な起業家は〈国会議員の大半は将来、理工系学部の出身者が占める〉と予言した。しかし、そうはならなかった。日本が自由主義、民主主義を信奉してきたからだ。その言が的中したのは旧ソ連や中国においてだった。全体主義国家は、批判されることを恐れて人文社会系の学識、すなわち人文知を排斥した。文科省は「思考力、判断力、表現力を養え」と言っているが、人文社会学を修めて初めて身につく。

安倍首相は「大学力は国力だ」と、日本の10大学をランキングトップ100に入れようとしている。だが世界のトップ校は人文社会系の研究・教育分野で評価を得ている。その視点が抜けている。少子化、私学の定員割れが、国立大学の規模の見直しの圧力になっている。「地方創生」を掲げる安倍政権は地方の国立大学に地域貢献を求める。地域の高校生を入学させ、地元の企業に就職させろというのである。学生を地域に閉じ込めるという発想であり、機会の不均等に他ならない。下村博文・文科相は国立大学の学長に国旗掲揚と国歌斉唱を要請した。大学には、小中高の学習指導要領のような明文化された規定はない。従わなければ、運営費交付金を削られるのではないかと懸念を抱く学長が少なからずいる。そして、大学から人文知を排除する動き。このままでは近い将来、日本は全体主義国家になってしまう――。

そんな危機感を覚える。

【聞き手・隈元浩彦】

◇競争原理「ひずみ」懸念　岸本忠三・大阪大学特任教授

人文社会科学系を縮小するという文部科学省の考え方に疑問を感じる。自然科学系で学ぶ「遺伝子の本体はＤＮＡ」というような知識は、様々な研究が積み重なって発展する。一方、人文社会科学系で学ぶ批判的精神や幅広い教養というような知恵は、その人限りのものだ。だからこそ大学できちんと教育しないといけない。教養の高い人間を育てれば、国の値打ちを高める。

私の出身の医学部を例に挙げよう。医師は単に手術をしたり、管を入れたりすればいいのではない。患者の幸せを考えると、「どう治療するか」「管を入れて命を永らえさせるのが良いのか」という疑問が起きる。そのとき、医学だけでなく、どれだけ深く幅広い教養を持っているかが重要になる。

大学の講義で「どうしたら、いい研究ができるか」と問われ、次のように答えた。

「『手当て』という言葉を知ってるやろ。患者に手を当て、手を握って、治そうとする精神だ。ちゃんとした人間でないとできないことや。そういうことをやっていると、『なぜ治らないんやろか』と疑問に思う。そこから研究が始まるんや」と。

阪大学長時、阪大で1例目の心臓移植があり、「心臓外科も大事だけど、インド哲学も大事です」とよく言った。インド哲学は生きていくのに必要ないかもしれないが、存在しなければならない「必然性」があるから存在すると思う。

大学は、皆一人ずつが違うこと、好きなことをやる中から面白いことが出てくる。「役に立つことをやれ」と文科省は求めるが、すぐに役に立つものはすぐに役に立たなくなる。関節リウマチの抗体医薬の開発に結びついた我々の研究は、いろいろな過程を経て役立つものになった。最初から役に立つと思ってやったわけではない。

今は再生医療に研究費が集中しているが、iPS細胞（人工多能性幹細胞）は思いもかけないところから出てきた大発見だ。「選択と集中」を進めすぎると、思いもかけないものが出なくなる。私が選考委員を務める財団は、最初は2百万円の研究費を渡し、2年後に少し進んだら5百万円にしている。その次は1千万円、3千万円という仕組みだ。研究費を幅広く渡しておけば、どこかから思いもかけないものが出てくる。そこを膨らましたらいい。そういうシステムを国も導入したらどうか。国の研究費の配分は、必ずしもうまく選択されず集中ばかりが先行している感がある。

10年ほど前、政府の総合科学技術会議の議員を務め、任期制や成果主義などの競争原理を導入し、大学の運営費交付金を減らして競争的研究資金を増やすよう主張した。大学の教員が何もしなくても定年までいられるのはおかしいと考えたからだが、今は「本当に正しかったのかな」と思っている。競争原理を入れすぎて、STAP細胞の論文不正のようなひずみが生じたのではないか。役に立たないところは削れ、人文社会を削れとなったのではないか。大学院に進む日本人が減っているのも、任期制や成果主義が進み、学生が安定を求めるようになったからだと思う。

【聞き手・根本毅】

◇社会の変化に対応、必要　吉田大輔・文部科学省高等教育局長

社会的なニーズが複雑・多様化する中で、国立大には各学部・大学院でどんな人材を養成しようとしているのかを明確にして、それに相応しい組織再編をしてもらいたい。そのために2013年度から国立大ごとにその強みや役割を整理する「ミッションの再定義」を進めてきた。「国立大学改革プラン」を発表し、学長の強いリーダーシップのもとで、各大学がそれぞれの強みを生かした将来計画を立てることを求めてきた。

背景にあるのは時代の変化だ。急速な少子高齢化、グローバル化、地域の衰退など、我が国が抱える課題は多様だ。人文社会科学系においても、これまでの学問的成果を活用して多様な社会問題に積極的に取り組むことが求められている。この分野の学問が役立たないとか、不要だというのではない。人文社会科学系の役割は重要であるが、一方で考えてもらいたいのは、教育研究組織や教育内容などが社会の変化に対応しているかということだ。伝統に「安住」していられる時代でなくなっ

たと認識してほしい。地域活性化、グローバル化、文理融合など、取り組むべき視点は多々ある。

学生が社会に出る際、今後益々「あの大学でこういうことを身に付けてきた」と明確にできることが必要になっている。人文社会科学系については、養成すべき人材像の明確化や体系的な教育課程に基づく人材育成について、課題が指摘されてきた。予測困難な時代を生き抜く力を育成するために何が求められているのか、そのための組織は今のままで良いのかを大学は自らに問い直す必要がある。教員養成系学部では、少子化で必要な教員数が減る中、教員需要のバッファー（緩衝）として教員養成を目的としない課程を設けてきた。しかし、今後増加が見込まれない中では廃止も含めて見直していく必要がある。

既に地方の国立大を中心に先行した動きが出ている。山口大は今年度から教育学部と経済学部の定員を減らし「国際総合科学部」を新設した。国際社会や科学技術に関する総合的な問題の解決に貢献する人材の養成を目指している。高知大が今年度新設した「地域協働学部」は、地域の産業振興などを担う人材の養成が目的で、人文学部と教育学部の定員を再配分して誕生させた。各大学には、教員の専門分野をどう生かして教育研究を発展させていくのかを議論してほしい。必要なら、外部から教員を採用したり、他大学と連携したりしてもいいだろう。

文科省は来年度から、国立大の運営費交付金の配分方法を見直す。国が指定した三つの重点支援の「枠組み」から各大学に一つ選んでもらい、その取り組み状況を有識者会議が評価し、翌年度の予算に反映する仕組みに変える。枠組みは（1）地域貢献（2）専門分野を生かす（3）世界で卓越した教育研究。組織再編などを含めた機能強化の取り組みを進める大学には手厚くする。

私立大にも同じような取り組みを期待したい。私学の自主性は尊重しなければならないが、18歳人口の減少に伴い、社会のニーズに即した教育研究組織に転換することは国公私立問わず必要だ。

【聞き手・三木陽介】

来年度からの改革として文部科学省はこのほど国立大学86校に、人文社会科学系や教員養成系学部・大学院は「組織の廃止や社会的要請の高い分野に転換」するよう求めた。同時に、文科省は来年度以降、改革の進展状況に応じて、国立大学への運営費交付金（今年度約1兆1千億円）の配分に「強弱」を付ける方針。「評価の基準」は、社会に役立っているかどうかだ。理系に比べ貢献の度合いが見えづらい文系学部、とりわけ地方国立大への影響は、深刻と指摘される。

(5) 教育の本質

福澤諭吉は「天は人の上に人を造らず、人の下に人を造らずと云り」といって平等を主張したとされがちだが、別のところでは「教育は馬鹿を利口にすることではない」といい、「人には、松竹梅がある。松は松らしく、竹は竹らしく、梅は梅らしい育て方がある」といった。これは、福澤が生きた明治の時代には、生まれたときに既に身分は決まっており、人の上に人を造っていたことによると思われる。しかし、これは身分制を意味するものではなく、現代的に解釈すれば、多様性を強く意識した発言であったろう。さらに、「門閥は親の仇」といい、人は平等ということを具体的に示してもいるのだ。

（福澤諭吉「福翁自伝」岩波書店　１９８４年から引用）

その後、彼は、「男も人なり。女も人なり」として、現代的な平等を宣言した。さらに、「自由と独立」という代わりに「独立自尊」は教育によって確立するとした。つまり教育は基礎となるリテラシーを中心に、自身の鍛錬を丁寧にサポートすることではないのか。現代的にいえば基本的人権は平等であるが、人にはそもそも多様性があるのだから、単純な基準を設けて馬鹿を利口にしてはいけない。そもそも、それぞれの人には、馬鹿も利口もなく、「松竹梅」のように個性の多様性を認め、人に上下はないことこそ教育の原点であると喝破しているのである。翻って日本の現状を見るに、父兄の経済力によって子供の進学率が大きく異なることは、生まれながらに人の上に人を造っているのではないか。教育は無償にすることが原点だ。現在も、親の所得による制限を課しており、全面的には無償ではない。大学は、今どうなっているのか。少なくとも無償ではない。

その上で、主体性とメンターとの議論による教育（アクティブ・ラーニング）が、高校生にまで広がるのが果たして現在実体のあるものとして想定できるのかと感じざるを得ない。自立が十分でない高校生までにとっては、手段と目的とが逆転しているのではないか。

これまでの「詰め込み主義」「暗記主義」などとして批判される教育の方法が本当に主体性や自立性を踏み付けてきたのか。この方法には少なくとも習練に必要な要素が多くある。禅寺での修行について、それを実践した東京大学の先生に聞いたことがあるが、修行こそが教育の原点だと感じたそうだ。そして、永平寺で1年間修行して何か考えがまとまったとのことだった。少なくとも目的であるように書かれている主体性と対話を重視するという方法に本当の実体があるのだろう。子供が自ら育っていくには、「詰め込みや暗記」で代表される教育方法こそ、むしろ最適に近いのではないのか。これまでの批判の対象となった暗記主義や詰め込み主義を、主体性を阻害したとは感じなかった。この方法は、私に「集中力」と「忍耐力」及び「継続力」を与えてくれた。また「達成感」を得ることによる自信を与えた。それは、本を読み切る力を付けてくれたし、そこから考える力（何が問題かを見つける力）を付けてくれた。

私が中学生のとき、社会科の授業で最初に出された質問は、どの国にも衆議院と参議院に相当するものがあるのはなぜかというものだった。国会の2院が同じ機能なのか。同じなら、なぜ二つ必要かという疑問だ。図書館で調べてみると、衆議院もそうだが、諸外国のいわゆる下院は、すべて市民によって勝ち取られたもので、場合によっては暴力革命をもって獲得されたものであることがわかった。社会科の先生は「もう少し歴史を勉強しないか、一緒にやっても良い」とおっしゃった。そのとき初めて、疑問を持つことがいかに楽しいことかが天啓のように降ってきた。残念ながらこの先生は、間もなく異動されたので、その後の勉強はなかったが、大変な教育者だったのだと今さらに思い出す。

教育は投資であるというのは良い見方だ。教育によって生み出される価値は、企業に投資するのと違って、予測不能の思わざる革新的な（今でいうイノベーション）価値を生み出すのが人だから、この投資は平凡なものではない。教育とは、多様な人を育てることであって、馬鹿を利口にすることではないことを胆に銘ずべきである。時代の方向を予測して投資するのは、教育にとっては自殺行為だ（そもそも未来予測が正統性を持ったことはかつてあったことがない）。単純な未来予測の危険性と人の多様性を勘案して、かつての賢人たちは、危険分散を含めて職業訓練学校や、単科大学を作り、初等教育、中等教育、高等教育に切れ目を作り、多様な人が多様な社会を作りやすくしてきたのではないか。

受験を意識して、中高一貫とか、高大接続とかいう考え方は、そもそも、松竹梅と多様に存在する人の真の平等に反しているのではないか。同じような顔をして、同じように振る舞う日本人の群れは、福澤のいう「独立自尊」の対極にあるもので、それを教育制度が推し進めているとすれば、大いに考え直す必要がある。桜折る馬鹿、梅折らぬ馬鹿という。本人から選択肢を奪い、ついに実がならぬのは、相手のことを知らずに勝手な思い込みを押し付けているからではないか。

ではどうすれば良いか。もう一度福澤に戻って、彼の教育哲学をよく咀嚼し、消化し、制度にまで練り上げることだ。国家百年の計を、かくも経済界に迎合していては、産業に真のイノベーションを先導する人材は集まらず、百年どころか十年を経ずして亡国の警鐘が鳴り響くことになるに違いない。

教育政策も、学術政策も、大学政策も、どこか骨が細く、しかも中がスカスカの骨粗鬆症なのだ。運営費交付金などで支配は行き届いているかに見えるが、それは外見だけで、これでは自ら骨折するに違いない。文化大革命と同じで、この間に人は育たないから、次代を担う人材、育てるべき人材も皆無になってしまう。心配である。

（福澤諭吉「福翁自伝」岩波書店　１９８４年から引用）

(6) トップダウンの科学技術開発支援　振興調整費

およそ40数年前、科学技術振興調整費制度が始まった。この制度は当時の科学技術庁（科技庁）が初めて自前のプロジェクトを始めたもので画期的であった。科技庁は総合調整をする官庁で自前のプロジェクトを持つことができなかったからである。１９７２年に科技庁長官に就任した中曽根康弘氏は直ちに科学技術振興調整費を発案した。当時、外郭団体である新技術開発事業団が受け手となる可能性が最も高かったが、中曽根長官は内庁に拘り、中川一郎長官がそれを受け継ぎ、制度上の困難さを突破して、1981年に科技庁内局による振興調整費が発足した。どのように突破して法案を作ったかは調べたが定かではない。

他の省庁でも同様の研究費が配られている。通商産業省のNEDO、厚生労働省の厚生科研費、農林水産省の農林水産畜産事業費などである。

募集対象は大学以外の民間や官庁の研究機関などであった。

その第1回に三菱化学生命科学研究所の加藤叔裕副所長と共同研究をしていたので頼まれて参加することになった。渡米中に連絡を受け、申請書を締め切り寸前に手渡した覚えがある。科技庁から出されたプロジェクトの最初である。その後、CRESTや創造科学なども新技術開発事業団から内庁に移管された。

応募の主体は大学など以外であったが、我々同様、多くが大学などと共同研究の形で応募した。

実質的には大学に研究開発費が加わったことになる。

トップダウンの中でも新技術開発事業団が行った創造科学研究事業は3年間で億を超える大型研究として評判になった。

新技術研究業績団の職員が、約1年をかけて研究業績やリーダーシップなどを調査する。3、4人の職員が定期的に集まり、最終的に2人に絞る。

第1回の受領者は、京都大学の早石修教授と東北大研究所の西澤潤一教授である。新技術開発事業団で人選し決定したとされている。現在は戦略的創造研究の枠組みで選考が行われており、完全な一本釣りでなくなった。

こうして我が国のトップダウンの科学研究開発が始まった。ボトムアップの科研費とは選考システムがまったく異なるものである。

(7) トップダウンの構造

トップダウン研究費の構造の特徴は、テーマ及び研究者・審査委員を内局で決めることである（現在では科学技術振興機構などが担っている）。もちろん科学者でない役人が決めることは不可能なので、テーマ選定の委員会を作り、テーマ及びテーマに沿った研究開発リーダーを大学関係者以外から選ぶ。しかし、企業を離れて一定期間研究に専念できる企業研究者は稀である。かつては人工知能開発のために一流企業から人材を集め、ジョイントベンチャーを作ったが、3年間では成果が上がらず解散した例がある。そこで多くの場合、大学関係者を研究開発リーダーに選んでいる。

リーダーは選考委員4、5人を選び、応募者の書類選考及び面接選考を行う。リーダーはそのまま研究班の班長となり、研究を管理する。学術研究では管理することはないが、トップダウンの研究では緩くではあるがテーマを逸脱しないように指導する。

また、大金を扱うことが多いので、研究費を管理する責任者を科技庁が派遣する。多くは企業で開発研究を担当したことのある研究者で、学者とはまったく異なる視点を持つ。

私の場合には、大学の名誉教授クラスの方だったので、窮屈さはなかったが、一般的には、お金の効率的使い方を指導されるようだ。また、研究の進行状況にも厳しい目を光らせており、特許申請については特に、早くから相談が始まるようだった。

一方的にこの方法を批判または拒絶する大学関係者も多いが、私は一概にはいえないと思う。むしろ大学関係者を排除して、その上でそれでも必要な大学関係者を共同研究者にするというマインドになれば、どちらもうまく行くだろう。

それよりも、個人に完全に任せる初期の創造科学のように、枠を嵌めないことの重要性を再認識すべきである。

(8) トップダウンに自由はないか

福澤諭吉は「自由は不自由の中にある」といった。含蓄のある言葉である。しかし、その意味は明晰ではない。この言を借りれば「不自由」という広場の中に「自由」という境界不鮮明な島があって、努力すればそこに辿りつけるとも解釈できる。一方「自由」と「不自由」とは、紙一重で、それを突破するのは実力次第とも解釈できる。

製品開発のようなトップダウンのテーマも、道路工事のような計画だけからでは修理にはなっても、新しい便利さを追求するものにはならないだろう。

多くの大学研究者は、利益至上主義で効率を重んじる企業の体質を警戒している。

他方、企業は、イノベーション（技術革新）を起こすには、現在のシステムを破壊し、作り替えることが必要だと考え始めている。技術革新が既存のシステムの良さを残そうなどと考えると、技術改善に終わってしまい失敗する。まだそのような危険なことに挑戦しようとする企業は少ないが、政府が出す調整費には、明らかに期待が込められている。一点突破すれば、雪崩を起こす種になるからだ。「集中と選択」が声高に政府や企業幹部から出るのは当然である。

トップダウンに自由があるかないかなど悩む必要はない。「自由は不自由の中にある」のだから。

(9) ブロックファンド

基礎生物学研究所（基生研）所長になって2年目の春、当時、文科省研究開発課長で、ライフサイエンス課長時代に親交のあった内丸技官が部下一人を伴って、研究所のある岡崎を訪ねてきた。用件は、科学技術開発費をブロックファンドにするのをどう思うかというものであった。「何か前例があるのか」と役人のようなことを聞くと「自分が面白い勉強会を行って手応えを感じたからだ」という。

土木工学出身の彼は、数学に興味を持ち「カオス、カタストロフ、フラクタル」などの抽象的概念の実学への応用を研究する数学者たちの勉強会を開いている、ということだった。ブロックファンドとの関係はすぐにはわからなかったが、証券や、金融に応用範囲がありそうだった。それでもわからないので「ブロックファンドとは、1つのグループにまとめて大きな資金を与えることか」と聞くと「そうだ」という。それを勉強会などをして「自分が決める」というのだ。

要するに「複雑系」の数学者グループを一気に育てようというのである。

科研費では考えられないことであるが、振興調整費なら面白いと思ったので、「やってみては」といったと思う。その後どうなったかは知らないが、ある数学者から、面白いシステムが動いていると聞いたので、成功したのだろう。「カオスからカタストロフ」は、今では「バタフライ・エフェクト」と呼ばれるようになった事象のことである。

日本では、江戸時代から残っている「風が吹けば、桶屋が儲かる」という諺がある。工学系専門調査員だった射場英紀トヨタ自動車電池研究部部長は、主任研究員会議の研究発表で次のように披露したものである。

①大風が吹けば土埃が立ち、盲人などの眼病患者が増加する。②盲人は、三味線を生業とし、門付《かどづけ》で三味線を演奏するので、三味線の需要が増える。③三味線には、猫の皮が欠かせないため、猫が減り、鼠が増加する。鼠は桶をかじることから、桶屋が儲かる。

というものだ。

内丸技官の情熱には感心した。

⑽ 10兆円ファンドの配り方

政府は2022年度、科学技術振興機構に10兆円の大学支援ファンドを創設した。その年間約3％の運用益を見込む。年間約3千億円から、特定研究大学に年間最大3百億円の資金を配分すると発表した。しかし、2022年度（初年度）約6百億円の赤字であった。暗雲立ち込める出発だが大丈夫か。2024年に始まるのを前に挽回できるのか。

一方、特定大学の選考も行われ日本学術振興会におかれた選考委員会によって東北大学1校が選ばれた。東京大学、京都大学をはじめ数多の有力校を置き去りにした選考の基準は何だったのか。明らかにされていないが「ガバナンス」が一元的で、計画が全学を挙げたものだという。

他方、資金配分は科学技術振興機構が行う。これは従来の「掟」にないことだ。大学に資金を配分する機関としてできたのが日本学術振興会であり、企業などに配分するのが科学技術振興機構であるはずだ。

「大学ファンド」という以上、日本学術振興会が配分するのが当然だと思われるが、なぜか襷掛けになってしまった。この「掟」破りは、今後様々な問題を引き起こしかねない。配分機構の乱れは、これまでの秩序を混乱させるだろう。科研費も場合によっては科学技術振興機構にも分けろというかもしれない。

科研費と振興調整費の大きな違いは、科研費は人を育てることも目的としているのに対して、振興調整費は、業績を上げることを目的としている。

したがって、科研費で育った研究者たちが、振興調整費を採るのが良い流れとなっている。もし逆転すると、大きく育つ研究者がいなくなるだろう。「掟」には、本質的意味があるのだ。

第2章

文部省科学研究費助成事業（科研費）審査システムの改革

(1) 科研費審査システムの改革

科研費制度は「科学者の、科学者による、科学者のための」ものである。科研費は主として大学などの研究者に配分される完全ボトムアップの競争的資金である。また我が国唯一の科学者による自律的配分制度である。資格のある研究者が自由に応募できる研究費で、その数は年間約10万件に及んでいる。その中から約2万件を採択するための審査システムは、なるべく簡素である必要がある。そこで日本学術振興会学術システム研究センター（RCSS）では、研究分野による審査区分を設け、それぞれの「系・分野・分科・細目」の応募者について競争的審査を行う、審査はピアレビュー方式をとり2段階の審査で行う、研究計画調書には、研究の目的、方法及び業績を短く記述する、など様々な事項について検討してきた。科研費申請書の作成は学問そのものであることを強く感じながら、審査区分をどうするか、審査委員の人数はどうするか、実態のある合議制度はどのように設計すべきか、申請調書はどのようなスタイルにするのが良いかなど、ときに議論は白熱した。

このような議論が新たな局面を迎えたのは、平成25年10月、文部科学省の科学技術・学術審議会学術分科会科学研究費補助金審査部会（以下「審査部会」という）から次のような『「系・分野・分科・細目表」の見直し並びに「時限付き分科細目」及び「特設分野」の設定に当たっての基本的考え方』（以下「基本的考え方」という）が示され、平成30年度公募から適用する「系・分野・分科・細目表」の抜本的な見直しについて、日本学術振興会に要請があったときからである。

「系・分野・分科・細目表」の見直し並びに「時限付き分科細目」及び「特設分野」の設定に当たっての基本的考え方

平成25年10月8日　科学技術・学術審議会学術分科会　科学研究費補助金

審査部会決定

（はじめに）

○「系・分野・分科・細目表」（以下「分科細目表」という）は、[註]基盤研究等の審査希望分野の分類表として厳正かつ効率的な審査を実施する上で重要な役割を担っている。また、「時限付き分科細目」（以下、「時限細目」という）は、平成3年度から、学術研究の動向に柔軟に対応するため、設定期間を限って流動的に運用されているもので、分科細目表の別表として設けられている。更に、平成26年度からは、1 未開のまま残された重要な分野、2 技術の長足な進歩によって生まれつつある分野、3 分野横断的な研究から生まれることが期待される分野を対象とした審査区分「特設分野研究」が設けられている（分科細目表のこれまでの主な変遷については「別添1（P70～）」参照）。

○分科細目表の見直し並びに時限細目及び特設分野の設定は、学術コミュニティからの要望や独立行政法人日本学術振興会の学術システム研究センターの学術動向調査の結果等を踏まえて行うものとする。
○分科細目表の本来の役割は、科研費の審査希望分野の分類表であるが、研究者からは我が国の学問分野を分類し設定するもの、また一旦細目として設定されると当該分野への研究費が保証されるものと受け止められている傾向があり、その認識が見直しのたびに細目数が増える大きな要因となっている。今後、見直しに当たっては、分科細目表が我が国の学問分野を分類し設定するものではないことを明確にしていく必要がある。
○分科細目表の見直しに当たって、応募件数以外に参考とすべき当該分野のアクティビティーを評価することのできる指標について積極的に検討し、将来的に活用できるようにする。

註　基盤研究（A・B・C）、挑戦的萌芽研究、若手研究（A・B）（以下「基盤研究等」という）

（基本的事項）

1．分科細目表の見直しについて

（1）毎年度の見直しに関すること

・分科細目表は、見直しのたびに増える傾向があるが、今後は、細目数を現行より増やさないことを原則とする。

・細目・キーワード毎の応募件数の状況等を踏まえ、柔軟にキーワードの変更・追加やキーワード分割などを行う。

（2）大幅な見直しに関すること

・5年に一度は大幅な全体の見直しを行う。特に、次回の5年に一度の大幅な全体の見直し（平成30年度公募から適用）に当たっては、細目数の大幅な減少を検討する。

・分科細目表が我が国の学問分野を分類し設定するものではないことを明確にするため、名称の変更も検討する。

2．時限付き細目の設定について
・設定する件数は、候補時限付き細目の状況により柔軟に対応する。
・新規課題を受け付ける期間（設定期間）は原則３年間とし、応募状況により、本表への採否の検討を毎年度行う。
・基盤研究（C）を対象種目とし、他種目との重複制限は当該種目と同様とする。
・各時限細目への配分予定額は、応募件数及び応募金額に応じて調整する。
3．特設分野の設定について
・設定する件数は、候補分野の状況により柔軟に対応する。
・新規課題を受け付ける期間は原則３年間とする。
・基盤研究（C）及び基盤研究（B）を対象種目とするが、他種目との重複制限は別に定める。
・各分野への配分予定額は、あらかじめ定める採択予定数に応じて定める。

（留意事項）

分科細目表の見直し並びに時限細目及び特設分野の設定に当たっては、次の点に留意し検討を行う。

1．分科細目表の見直しについて

（1）毎年度の見直しに関すること

・応募件数が一定数に満たない細目については、関連分野の細目との統合等ができないか検討する。

・応募件数が一つの細目を設定できる程度見込める場合であっても、先ずは関連分野の細目名の見直しや、キーワードによる分割などができないか検討する。

（2）大幅な見直しに関すること

現在の分科細目表には、次のような課題等があると考えられる。

（課題等）

・これまで分科細目表の細目数は、改正のたびに増え続け、審査の精度向上の観点から考えると細分化を評価することもできるが、一方で、細分化が進むことで、既存の学問分野に立脚した研究のみが深化し、新たな研究分野や異分野融合の研究は応募しにくいのではないか。
・分科細目表は、いかに審査を公平・公正に行うかという観点でこれまで見直しが行われてきているが、今後は、学術動向の変遷に即した審査を行うために適したものとなっているか、また、これまでの分野の枠に収まらずに新たに伸びていく研究を見いだせるか、という観点で見直していく必要があるのではないか。
・応募状況以外に細目・キーワード設定の妥当性を判断する方策がないため、定量的な面にのみ着目した見直しとなり、結果的に細目が増えることになっているのではないか。
・理想的な審査方式の検討も併せて見直していく必要があるのではないか。

ついては、次回の5年に一度の大幅な全体の見直しへの反映を目指し、以下の点に留意の上検討を行う。

・現行表との連続性・整合性等に配慮した調整を行いつつも、現行表を前提とすることなく、学術の動向を踏まえた理想的な在り方に関する検討を踏まえつつ、抜本的な見直しを行う。このため、日本学術振興会における検討は、現在の分科細目表の分野単位ではなく、総合系、人文社会系、理工系、生物系の4系単位で進めることを基本とする。

※なお、現在、基盤研究（A・B・C）、挑戦的萌芽研究、若手研究（A・B）は、すべて二段審査制（細目単位で第一段（書面審査）を行い、分科単位（人文社会系は細目単位）で審査委員を配置した委員会で第二段（合議審査）を行う）をとっているが、各研究種目の性格、応募総額、応募件数等を踏まえ、科研費制度全体の在り方を検討する中で、各研究種目の特性に応じた審査体制や審査方法も別途検討する。

2．時限細目の設定について

（1）新たに設定する時限細目候補について

次の１または２の観点に該当するものであるか検討する。

１　既存の細目では対応できない新たな分野であるか。

２　既存の細目で対応することはできるが、別の体系でまとめた方が、より適切な審査を行うことができる分野であるか。

（2）既に設定している時限細目の取扱いについて

既に設定している時限細目については、次の１または２のとおり検討する。

１　設定期間（原則３年間）を満了したものを廃止すべきか、または細目表に採用すべきか検討する。なお、細目表に細目として採用する場合には、設定期間中の応募件数について平均１００件以上を目安とする。また、検討に当たり必要な場合には、設定期間を２年間まで延長することができる。

2　設定期間（原則3年間）を満了していないもの

設定期間を短縮し、1年又は2年で廃止する必要があるか検討する。

3．特設分野の設定について

（1）新たに設定する特設分野候補について次の1から3までのいずれの観点に該当するものであるか検討する。

なお、特設分野候補とする場合には、その設定の必要性及び1から3までのいずれに該当するか理由を明らかにすること。

1　未開のまま残された重要な分野であるか。

2　技術の長足な進歩によって生まれつつある分野であるか。

3　分野横断的な研究から生まれることが期待される分野であるか。

（2）既に設定している特設分野の取扱いについて振興会が取りまとめる

特設分野の成果等に基づき、当該特設分野の取扱いについて検討する。

（検討のスケジュール）

1．平成27年度公募において適用する分科細目表・時限細目・特設分野について、平成25年10月 科学研究費補助金審査部会で基本的考え方の決定

（日本学術振興会に基本的考え方を通知し検討を依頼）10月～日本学術振興会で検討開始

・平成26年3月4月6月

日本学術振興会から科学研究費補助金審査部会に検討結果の報告

科学研究費補助金審査部会で審議

科学研究費補助金審査部会で決定

2．平成30年度公募において適用する分科細目表について

・平成26年6月 日本学術振興会から科学研究費補助金審査部会に検討結果の報告（以後、日本学術振興会と科学研究費補助金審査部会で必要に応じて意見交換）

・平成27年1月 科学研究費補助金審査部会で5年に一度の分科細目表（平成30年度公募から適用）見直しに当たっての基本的考え方の決定

「別添1」

「系・分野・分科・細目表」のこれまでの主な変遷

【昭和42年度までの状況】

・審査委員会の構成は、旧東京帝国大学の学部構成そのままに、第1部（文学）から始まって第7部（医学）までの7部構成（文学、法学、経済学、理学、工学、農学、医学）で、これは当時の日本学術会議の部会構成と全く同じであり、120人程度の審査委員から構成されていた。

・各専門分科の審査はほとんどが1人で行われ、審査後、どのような基準で配分審査がなされたかを検証しようにも、それができる状況になく審査委員会の運営の面からも問題があった。
・こうしたことから、優れた独創的な研究を育成するために、はっきりした審査基準により、書面による審査と合議による審査の二段審査制の検討が行われ、その際参考としたのが、米国NSFが行っていた審査方法であった。

【昭和43年度から平成4年度までの状況】

・昭和43年度の改善において、審査がやりやすいようにとの方針で、伝統的な学問分類法を基礎に、新しい研究の展開にも配慮するという基本線でまとめられ、各細目に原則として3人の審査委員を配置することとなった。
・これにより、1人で1つの専門分野を審査していた、以前の120人体制に比べると、審査が格段に公正に行われるばかりでなく、書面審査のために地方の大学の教授も多数審査に関わることが期待できるようになった。また、第1段の審査結果が悪ければ第2段審査委員による個人的採択もできない仕組みになるデメリットがあった。

・分科細目は、その分野に対する学問的認知と一定の研究投資が保証されると研究者サイドには受け止められていた。

・このため、分科細目表から消えることは学問研究の灯が消されるに等しく、その改正には利害得失論が先に生じて、分科細目の改善は容易に進まない状況に置かれていたが、例えば、細目の新設は、当該分野の申請件数が300件を超えることがある程度の確度で予想されること、第2段審査委員の増員は800件を超える申請件数が現にあることなどに一応の基準をおいて対応していた。

・また、平成3年度からは、学術研究の急速な進展に応じて「時限付き分科細目」（以下、「時限細目」）を設けて従来の分科細目表に風穴を開けている。

【平成５年度以降の状況】

・分科細目表の分類が、伝統的な学問体系の区分で固定化し、それにとらわれ過ぎて新しく展開されつつある分野が依然として谷間にあったことから、平成５年度公募から適用した分科細目表については大幅な改正を行うこととした。

・平成５年度の改正以降、５年毎に見直しを行い、そのうち10年に１度は大改正を行うこととしている。また、平成15年度の改正までは、文部科学省が全ての改正に係る業務を行っていたが、平成20年度の改正からは、具体的な改正案の作成は日本学術振興会が行い、その改正案に基づき科学研究費補助金審査部会が決定することとしている。

【細目数の推移（30年間）】

年度（西暦）

昭和58年度（1983年）191
昭和63年度（1988年）199（+8）
平成5年度（1993年）232（+33）
平成10年度（1998年）242（+10）
平成15年度（2003年）278（+36）
平成20年度（2008年）284（+6）
平成25年度（2013年）319（+35）
平成26年度（2014年）321（+2）

主な改正内容等

・8部構成を維持しつつ細目の新設・分割等を実施・「複合領域」の細目数を倍増（17→34）
・8部構成から4系構成に変更・「複合領域」の見直し（「総合・新領域系」

の創設）

・「総合・新領域系」の見直し（「総合系の創設）・３系（人社・理工・生物）に総合領域分野を創設・「観光学」、「医学物理学・放射線技術学」を細目数の５年前からの増減

「別添２」

平成30年度公募から適用する「系・分野・細目表」（仮称）のイメージ

○細目数の目安

・現在の細目数（３２１）の２分の１程度（１６０前後）を目安として検討を進める。

※30年前（昭和58年度）には既に１９１細目があった。今回の見直しは、将来の我が国の学術研究の振興のために極めて重要な見直しであり、新たな研究分野や異分野融合の研究を積極的に推進し、研究のグローバル

○系・分野・細目表（イメージ）

系	分野数の目安	細目数の目安
総合系	3分野程度を目安とする。	総合系全体で25細目を目安とする。
人文社会系	3分野程度を目安とする。	人文社会系全体で30細目を目安とする。
理工系	4分野程度を目安とする。	理工系全体で35細目を目安とする。
生物系	4分野程度を目安とする。	生物系全体で68目を目安とする。

化に対応するため、現在の半分程度の細目数を目安とする。

○具体的な検討方法等

・現在の分科細目表の名称は、「系・分野・分科・細目表」で、分野区分が４段階になっている。平成30年度公募からは「系・分野・細目表（仮称）」（以下、「細目表」という）とし３段階としてはどうか。現在の「細目」をキーワード一覧に整理し、更に細目数を大幅に減らすと、「分科」と「細目」を分けておく必要がなくなる（細目表をシンプルにする）。

・細目表の名称については、過去のしがらみ（科研費の審査希望分野の分類表という本来の役割に加え、我が国の学問分野を分類し設定するものとして研究者から受け止められていること）を払拭するのであれば、例えば、「審査希望分野表」とし、分野の区分名称である「系」、「分野」、「細目」を、「大区分」、「中区分」、「小区分」などの名称にすることも検討する。

・現在の「細目」は、基本的にキーワード一覧として整理する。（第一段審査委員の配置単位とする）

・現在「分科数」は79ある。細目表においては、現在の「分科」レベルの分野を「細目」とする（設定数の目安１６０前後）。（第二段審査委員の配置単位とする）

・新たな細目数は、平成25年度の各系の応募件数の割合に応じて割り振ったもので、あくまで目安であり、系毎の細目数の増減は柔軟に行えるが、全体の細目数は増やさない。

２０１３年10月半ば、審査部会から科研費の審査区分の大括り化を検討するようにというこの要請を持って文科省の合田哲雄課長と審査部会の甲斐知恵子委員の二人がＲＣＳＳを来訪した。小林誠所長と副所長の私が対応することになった。

この訪問はある程度予測されていたものではあったが、説明を聞いて、改めてことの重大さをすぐに理解した。大括り化という技術的な問題の背後に歴史的問題があることが直感されたからである。当時ＲＣＳＳでは主任研究員会議で審査部会を兼ねている主任研究員から何回も審査区分の大括り化の議論が持ち上がり、その都度、学問の進歩とともに細分化されるのは必然であって大括り化は進歩に逆行するものであるという意見が大半であり、提案されるたびに却下され続けていた。しかし、審査部会及び文科省の意志の硬さは無視できないと感じた私は、覚悟を決めて最後にもう一度同調者の有無を問うた。賛同者が一人でもいたら要請を取り上げたいと提案した。山本智科研費ＷＧ副主査の手がゆっくりと上がった。私は即座に継続審議とすることにした。これは後先を考えない博打であった。八百長ではなかった。

(2)～起～　はじまり

２０１３年10月半ば、日本学術振興会に審査部会から科研費の審査区分の大括り化を検討するようにという通達を持って、文科省の課長と審査部会の委員の二人がセンターを来訪した。所長と副所長の私とが対応することになったことは既に述べた。

この訪問はある程度予測されていたものではあったが、説明を聞いて、ことの重大さをすぐに理解した。当時センターでは主任研究員会議で審査部会の委員から何回も審査区分の大括り化の議論が持ち上がり、そのたびに学問の進歩とともに細分化されるのは必然であって大括り化は進歩に逆行するものであるという意見が大半の議論であり却下され続けていた。

そのときもほぼ全員が議論の余地なしであった。私はもう一度議論すべきと考え、最後の提案として委員の中に一人でも議論を続けることに賛成の委員がいれば、議題に取り上げることを提案した。山本智委員の手が上がった。これも既に述べた通りである。

次回に合田哲雄研究助成課長と甲斐知恵子委員が主任研究員会議に来られ、主任研究員に要請の説明があった。二人が退出された後、一挙に大括り化の具体案の検討に入った。主任研究員会議ではほとんど異論は出なかったが、各分野の専門調査班会議では異論が続出した。

審査部会からは、最初190程度だったものが、当時300を超える数に上っており、新たに出現した区分は応募者数が30を下回り、既存の区分も300に至る過程で極端に少ないものも現れていることが指摘されていた。これらは相対評価が困難なことを示していた。さらに区分設定を時限付き細目で増やしたことから100件程度を予測しても実際は50件以下ということが多かった。このことによって審査委員の数が増え、過重な審査負担が研究者に生じていた。それらを受けて審査部会からは半分に減らせという強い要望があったのである。そこで審査区分を大括り化し、およそ90の区分数を提案した。細目数はそのままとし、分野で大幅な減数を提案した。

この提案に対し専門調査班会議ですぐに反応があった。まず人社系から火の手が上がったのだ。細目が樹立されたばかりのジェンダー分野から審査件数だけを指標に大括り化することは新しい分野にとって消滅を意味するというのだ。また新しく採用された各分野に認められる細目は古い区分に入れてもらっては困るというものであった。一理あることから慎重に細目の合併を考え直した。これが議論の始まりで、10月半ばの最初の会議で始まった。

続いて数学分野が幾何と代数は相互に審査が不可能だという意見が出た。そもそも数学の最先端は当該研究者にしか理解できないことも多いことから、大括り化などもってのほかというのだ。

人社系ではその多くが微妙に重なっており、そうなると溝を深くして蛸壺に入った方が得という精神が強くなる。これはほとんどの分野で同じで、いわゆる蛸壺化が進んでいた。大括り化によって蛸壺化をなくそうという意図が皮肉な状況を招くことになった。こうしてこの議論は3年間にわたって続くことになる。特に総合系はその複雑さから、最後の主任研究員会議にまで持ち越された。

その間、審査区分は学会や学部、学問体系などによるのではなく、あくまで審査のための区分であるという山本智主任研究員の提案で、少し整理されたが、依然として学問の区分こそ学問を発展させてきたものという強い意見が燻り続けた。

一方、事務方の宮嶌和男参与から、混乱を避けるため、最初は細目相当の小区分をそのまま残して最終的に調整してはどうかという提案があった。事態を前に進める打開策として採用し、中区分から議論を始めることにした。

こうして、ここから3年間に及ぶ科研費審査区分の大括り化の議論が始まった。

当時、大学法人化後10年近くが経っていた。大学を維持するのは大学を対象とする運営費交付金である。法人化によって法人化前の１割程度が毎年減額されており、経済的窮乏に陥っていた。これは、地方大学で特に顕著で、倒産するのではと危ぶまれる事態であった。そんな折、科研費に措置される３割の間接経費は主な財源となっていた。財源を得るために科研費に申請するというのは本末転倒である。それが日常化していた。

(3) ～承～前～　科研費審査区分表の検討　1

そもそも大学の運営とは何か。「学問の自由」は憲法第23条「学問の自由はこれを保障する」とされている。それに基づいて、それを補完するために「大学には自治」が認められている。憲法は個人の基本的人権を保障しており、個人は自由に研究ができることを意味している。個人は天真爛漫に自由にテーマを選んで研究できる。それが軍事研究であろうと応用研究であろうと自然の研究はもちろんまったく自由である。また、その個人が大学に属そうと企業に属そうとその別はない。科研費は主としてではあるが大学に開かれている。一方、企業には様々な政府資金が準備されている。

ただし企業は個人と契約しており目的のはっきりしたテーマが与えられることが多い。この拘束の範囲内でテーマを選ばなければならない。それでも実施にあたっては自由に研究できる。個人の自由は生きているのである。

大学などでは、個人は院生であろうと教授であろうと助教や助手であろうと分け隔てはない。企業にあっては、研究者の資格があれば誰でも構わない。資格とは何か。通常は博士号取得者をいう。しかし最近は極めて曖昧になってきており、所属機関が認めたものというのが一般的である。このように「学問の自由」の広がりによって科研費の申請に約10万人が押し寄せることになった。当時審査区分に応募者の偏りが見られ、ある区分には約30人、別の区分には約１００人などと大きな隔たりがあった。これを大括り化することによって自由な発想のテーマをより多く選択できると考えられた。

このような背景の下に科研費システム改革の議論は始められた。議論を始めるにあたって、主任研究員がお互いを「先生」付けで呼びあっていたのを「さん」付けにするように提案した。初めはぎこちなかったが、そのうち自然に呼び合うようになった。「さん」付けにしただけで硬さが取れたことを村松岐夫副所長に褒められた。

こうしてほぐれた雰囲気の中で、月2回行われる主任研究員会議は、初めは皆独り言のような発言が多く議論にならなかったが、一人1回必ず発言するよう促すうちに議論が噛み合うようになった。人の意見をよく聞くようになったのである。一方、相手の意見に反論する際に論理的であることが最も意識されていた。しかしこれでは論争になる。私は議論は論争ではなく、百人百様の異なる前提があり、それを認めなければ議論にならないと感じていたので、論理性（LOGOS）とともに相手との共感性（ETHOS）、そして情熱あるいは悲哀（PATHOS）とが鍵となると思った。やがて議論はときに意図的に脱線するユーモアも含めて軌道に乗り始めた。議論は常にテーマに解放されている。イデオロギーに支配されると思考が停止する。議論にならない。こうして極めて自由な議論が百出した3年間の主任会議で結論が出た後、工学系の尾辻泰一主任研究員から「議長は原理主義者だ」という発言があった。言いたかったことは、ロジックがはっきりしていて気持ちがいいという意味の褒め言葉であったろうが、ドキッとした。原理主義こそイデオロギーそのものだからである。自由な議論とは結論ありきで始めることではない。本末転倒の議論には意味がない。しかしそれをしていたのかもしれない。後にこの議論は燻り続けたが、発言を促すことで思考停止は免れたと思われる。

（1）大括り化について

既に書いたが、はじめ中区分として約90の分野を提案した。反応はほとんど拒絶であった。まず自分の範囲が他と合併されることによって比較する申請書が評価できないというものであった。大括り化の意図の否定である。既に強固な蛸壺ができ上がっていたのである。議論が千日手になったときに、山本智主任研究員から細目という区分をなくしてはどうかとの提案があった。初めから大括り化された状態から始めようという名案である。議論は進み始めた。細目に続いて分科・分野についてもこれをなくすことになった。こうして審査区分表の骨格ができ上がった。さらに区分間に糊代を付けることが提案され全員の共感を得た。しかし具体的にどうするかは名案がなかった。そのときキーワードに膨らみを持たせてはどうかという提案があった（後述）。果たして成功したかどうかその後の検討を待ちたい。

審査区分は大学の学部や学科に囚われてはならないが、主任研究員の提案で、分野・分科・細目を廃止することによって達成された。この区分表の議論は3年間続いたが、最後まで残ったのは総合系である。系の中に複数の分野があり、理系と文系が同居していた。審査は複雑を極め到底理解できるものではなかった。最後には総合系をなくす提案をしたが、すぐに工学系の3名の主任研究員から次のような反論が文書であった。長いが以下に引用する。

> 見直しに関して、「人間医工学」を医歯薬学の中に含めるか、工学系科学・総合系の中に含めるか、について様々な議論があるが、いずれに含めた場合も審査の際に医学的な面を中心に審査するのか、工学や総合系的な面を中心に審査をするのかで、「人間医工学」のその後の申請状況などが大きく変化することが予想される。また、「医用工学」のキーワードを決める際にも、総合系で決めたキーワードに対する医歯薬学の反応は大きな差異があった。
>
> 工学系科学・総合系合同の専門調査班会議やその後の意見交換の場などにおいて、多くから「人間医工学」のような複合領域あるいは総合領域と考えられる領域については、「系・分野・分科・細目表」等の見直し後においても、現在の総合系のように、医歯薬学、工学、総合系にまたがる領域として明示的に取り扱うことが審査

の上でも学術の発展を考える上でも重要ではないかとの意見が多数出された。

また、現在の学術システム研究センターの専門研究員の配置においても、「人間医工学」は医歯薬学と総合系の両方に配置され、複合領域あるいは総合領域の代表的な研究分野として明示し、そのことが広く認知されている。

「人間医工学」は複合領域あるいは総合領域として考える領域として最も分かりやすい典型的な領域であるが、同様に審査の上でも学術の発展を考える上でも望ましいと考えられる領域例えば、「脳科学」や「地理学」、「デザイン学」、「ロボット」などと現在呼ばれている領域が幾つか存在するし、今後益々増えていくものと考えられる。現在の見直しでは、これらの新しい領域も従来の伝統的な領域のいずれかに分属するような分類の仕方になっているが、日本学術振興会として今後の学術の発展を考える上では、やはりこれらの新しい領域を分野融合型の新しい研究領域として捉え、且つ、審査の体制もそういった新しい領域に相応しい仕組みを構築していることを明示していく方がより望ましいという意見が多く出た。

この度の細目表の抜本的見直しは、平成30年実施に向けた科研費大改革の中心課題として進めているところであるが、衡平な審査・配分に資するための視点はもちろんのこと、我が国の今後の学術の発展をより一層推進するための視点に立って、よくよく熟慮した体系化を図ることが肝要と考える。すなわち、学術の動向は融合・昇華を伴いつつ大きなうねりとなってダイナミックに深化しており、脈々と培われ発展してきたこれまでの学際領域、学問体系どおりの整理では、あらたな発展を阻害する恐れがあるのではないか。この制度改革の機会を、新しい視点や思想・発想に立った新しい研究の芽を自由により大きく育むための制度改革として取り組むことが肝要であり、「人間医工学」分野の議論はそのことを象徴するものであった。学問として確立していない新たな複合領域及び総合領域の課題提案を「広く」促し、その審査を柔軟かつ公平に進めるためにも、それらを独立した大項目として設定することが重要と考えられる。

その結果、大区分の中に人間医工学を工学分野と医歯薬分野に重複して加えることにした。それでも領域を跨ぐ審査ができる委員の選考は困難であった。

（2）「特設分野研究」の提案

審査区分数を固定しても、新しい分野は次々と出現する。従来これに対応する方法として「時限細目」を公募してきた。しかし最近になって細目の内容が小粒化し、科研費の配分率を利用した樹立競争になりつつあった。そこで大括りの区分「特設分野研究」を提案した。

1　未開のまま残された重要な分野
2　技術の長足な進歩によって生まれつつある分野
3　分野横断的な研究から生まれることが期待される分野

これらの中から「食糧循環研究」、「紛争研究」、「交通渋滞の研究」、「気候変動に関わる研究」などが提案され、時限3年で年間3分野までとした。

（３）審査区分表の策定

大括り化の議論をもとに、従来の「系・分野・分科・細目表」は廃止し、大区分、中区分、小区分から構成する審査区分表を作成した。これにより、審査区分は、科研費の審査のためのものであり、大学の学科、学会の分野に基づくものでないことを明確にした。

審査区分表を組むにあたっては、小区分を基本単位とすることにした。これは従来の細目の程度の数で、３０４の区分を提案した。これは、若手研究、基盤研究B、Cに適用するものである。従来、細目における応募数が多い場合は、細目の中にキーワードでさらに審査区分を分けることをしていたが、それは行わないことにした。キーワードで区分が新たに生じてしまい、審査の範囲が狭くなるからである。応募数が多い場合は、審査可能な数のいくつかの審査セットに機械的に分割する方式とした。

小区分の設定で議論となったのは、どの区分にも合わないい申請があるのではということであった。新しい芽を摘むことになってはいけない。そこで、小区分の区切りをあいまいにすることで対応することになった。たとえば、小区分の名称は「ｘｘｘ関連」のように境界をわざと明確にせず、広く関連する研究を応募できるよう配慮した。また、従来の「系・分野・分科・細目表」で細目につけられた「キーワード」は、「内容の例」とし、10個程度以下の代表的な例を挙げ、さらに最後に「など」をつけることで、小区分の拡がりを表す工夫をした。専門調査班の会議では、内容の例を10個程度に絞るのにかなり議論があったようである。内容の例を細かくして増やせば増やすほど、他のものを排除することに気が付き、大きな内容の例を挙げることで対応している。

中区分は基盤研究Aに対して用いるもので、小区分を組み合わせて組み上げた。最終的に、65の区分を設定した。基本的には1つの小区分は1つの中区分に属するが、いくつかの小区分は分野をまたぐ性格をもつことに配慮し、複数の中区分に属するようにした。中区分の名称も、小区分の場合と同様に「ｘｘｘｘおよびその関連分野」と示し、新しく生まれてくる関連研究が応募できるようにした。

大区分は基盤研究Sに対して用いるもので、中区分を組み合わせて11の区分を設定することにした。いくつかの中区分については、複数の大区分に属するようにした。大区分の名称は、AからKまでのアルファベットで表した。これも審査区分表が審査のためのものであり、分野の分類ではないことを示す小さな工夫である。

応募者は、自分の所属する学科や学会にとらわれず、申請課題に応じて区分を選ぶようにしてもらうことを強調することにした。

先にも述べたように、中区分・大区分の括り方や「内容の例」については、専門調査班の議論では、当初、白熱する議論もあったが、科研費改革の趣旨の理解が進んでいくにつれて、建設的な議論に変わっていったように思う。

（4）科研費の審査委員の選考

科学研究費助成事業（科研費）は、人文学、社会科学から自然科学まですべての分野にわたり、我が国の学術研究を格段に発展させることを目的とする競争的資金である。

公平性・公正性を維持するには、応募者を公平・公正に選考する公正・公平な審査委員を選考することが必要である。それまで学術会議を通して各学会が選んでいた選考委員を、平成15年学術振興会に学術システム研究センターを設立し、選考委員を選考するプログラムディレクター（ＰＤ）・プログラムオフィサー（ＰＯ）制度を米国科学財団から導入した。

ＰＤ・ＰＯは選考委員を選ぶことはできるが、自らは選考委員にはならない。選考委員は科研費を取得したことのある者などに限るという条件で公正性・公平性及び質を高める工夫がされた。

学術研究は、研究者（ピア）が科学者としての良心に基づいて個々の研究の学術的価値を相互に評価・審査し合うピアレビューシステムにより発展してきた。これが審査の世界標準であり、学術雑誌の査読システムによって大きく発展してきた。

科研費の審査もその重要な一部であり、審査の質は学術研究の将来を左右するといっても過言ではない。このため、次の点に留意することとしている。

審査委員は応募者の研究を尊重することが前提である。審査委員は、応募者の研究計画が自身の専門分野に近いかどうかにはかかわらず、応募者がどのような研究を行おうとしているのかを理解し、その意義を評価・審査する。

科研費の審査は研究課題の審査なので、研究計画調書の内容に基づいて研究計画の長所（強い点）と短所（弱い点）を見極めて評価するとともに、審査意見ではそれらを具体的に指摘する。

また、審査委員は利害関係に当たる研究課題の審査には加わることはない。

これまで審査は2段階審査で行ってきた。2段目の審査は合議審査ではあるが、1段目の書面審査の審査委員の点数を参考に議論する程度で、2段目の審査で結果が変わることはほとんどなかった。合議が形骸化していたのである。そこで今回の改革の大きな柱として議論で採択を決める方式に変更した。

一段目に審査で全申請書を読み創造性・独自性などについてコメントし、それを持ち寄って二段目の審査を行う。二段目では一堂に会して同様の基準で議論を行う。採択者の決定は順位を決めず定員までとし議論にコメントを付す。すべては採択班の幹事が責任を持つ。

ただし小区分は選考委員が多く一堂に会する会議場がないことから止むを得ず合議審査を書面で行うこととした。この点も会議がスタックするほど困っているとき、西田英介委員が「二段書面にすれば良い」と呟いたのを、私の隣に座っておられる小林誠所長が聞き逃さなかった。「詳しく説明を」という問いに「それはこれから」ということだった。会議室で最も遠くに座っていた西田委員の一瞬の名案を所長は見逃さなかった。鮎の友釣りの如き名人芸だった。次回までには、ほぼ固まった案ができ上がっていた。

なお、科研費の審査は「科学研究費助成事業における審査及び評価に関する規程」に基づいて行われる。同規定には審査の方法や評定基準が定められており、研究者からなる日本学術振興会科学研究費委員会において定められ、毎年度公表されている。審査終了後、審査結果を応募者に開示し、審査委員の名簿を公開している。また、学術システム研究センターでは審査が公平・公正に行われているかを審査委員について検証している。その結果は公表しない。

（5）審査方式の中間報告

以上、様々な検討の結果、２０１５年10月16日に、以下の中間報告を行った。

1．日本学術振興会における検討の経緯

平成25年10月、文部科学省の科学技術・学術審議会学術分科会科学研究費補助金審査部会（以下「審査部会」という）から『「系・分野・分科・細目表」の見直し並びに「時限付き分科細目」及び「特設分野」の設定に当たっての基本的考え方』（以下「基本的考え方」という）が示され、平成30年度公募から適用する「系・分野・

科学研究費助成事業(科研費)審査方式の見直しについて(中間まとめ)(案)

日本学術振興会学術システム研究センター

中間まとめの骨子

○これまで醸成されてきた多様な学術研究を一層発展させるとともに、新しい学術領域の確立を推進するために、学問の特性に配慮しつつ以下のように科研費審査方式の総合的見直しを行った。

○平成30年度公募からの科研費の審査は、「小区分・中区分・大区分」で構成される新しい審査区分で行う。それに伴い、現行の「系・分野・分科・細目表」は廃止する。

○基盤研究（B・C）、挑戦的萌芽研究及び若手研究（B）の審査は304の「小区分」で行い、合議審査を行わない二段書面審査方式を採用する。

○基盤研究（A）及び若手研究（A）の審査は65の「中区分」で行い、総合審査方式を採用する。

○基盤研究（S）の審査は11の「大区分」で行い、総合審査方式を採用する。

○これらは、学術の発展のための科研費審査方式の改革の第一歩であり、不断の改善を継続する。

分科・細目表」の抜本的な見直しについて要請があった(P59参照)。

日本学術振興会では、この要請を踏まえ、学術システム研究センターにおいて6回にわたって議論を行いその結果を、平成26年6月16日に開催された審査部会において、『「系・分野・分科・細目表」の見直しに当たっての基本的な方向性について』として以下のとおり報告したところである。

基盤研究（A・B・C）、挑戦的萌芽研究、若手研究（A・B）

（以下「基盤研究等」という）の審査制度は、第1段審査（書面）と第2段審査（合議）をそれぞれ別の審査委員が担当し、審査希望分野（細目）に応募された研究課題について、相対評価を行っている。

現行の科研費の基盤研究等の審査制度は、膨大な応募件数を迅速に審査する公正かつ適切な、研究者からの信頼を得ている方式であることから、見直しにあたっては、この点に留意しながら以下のような基本方針で検討する。

○科学技術・学術審議会学術分科会科学研究費補助金審査部会の「基本的考え方」を踏まえ、「応募研究課題の研究内容の審査」という観点から分科細目表を見直すにとどまらず、多様な学術研究を推進するとともに新しい学術領域の確立を推進するために、書面審査と合議審査との関係を含め、学術の振興という観点から適切な審査方式の在り方について検討する。

○学術の多様性を確保するための適切な審査区分の設定について検討する。

この報告内容に基づき、学術システム研究センターにおいて、主任研究員会議4

回、専門調査班会議93回、科研費ワーキンググループ4回、細目見直しタスクフォース10回にわたって検討した。その間、平成27年3月に開催した審査部会、同年5月に開催した研究費部会において検討状況を報告し、このたび、「系・分野・分科・細目表」及び審査方式の見直しについて中間まとめを報告した（Ｐ99の表）。

2．科研費審査の改革にあたって

科研費は、人文学、社会科学から自然科学までのすべての分野において研究者の自由な発想に基づく学術研究を支援する競争的資金である。その審査は、研究者が建設的相互批判の精神に則って相互に審査し合うピア・レビューを基本としている。審査システムは、研究者の不断の努力によって支えられており、研究者から大きな信頼を得ている。しかし、科研費への応募件数は年々増加し、その応募動向も徐々に変化しつつある。このような状況にあって、審査の在り方や審査区分について一層の改善が求められている。また、変化する研究動向に対応し、競争的環境の下で、より優れた研究課題を見出すことができるように審査システムを随時改革していかなければならない。科研費が我が国の大学、研究機関における研究基盤を根本的に支えている現状を踏まえ、研究者自身が主体的に審査システムの改善のため、その改革に取り組むことは、我が国における学術研究の一層の発展のために不可欠であり、また、研究者が社会に対して果たさなければならない基本的責務である。

日本学術振興会学術システム研究センターでは、人文学、社会科学から自然科学に至る様々な分野の第一線で活躍しているセンター研究員の知恵を集め、科研費審査の改善に不断に取り組んでいる。定例の主任研究員会議、専門調査班会議、ワーキンググループでの議論に加え、審査の在り方に関するタスクフォース、ピアレビュータスクフォースなど様々なテーマに関して詳細な分析に基づく踏み込んだ議論を行い、これまでにも科研費やその審査システムに対して多くの提言を行ってきた。また、研究者としての経験、実際の審査の陪席などを踏まえた提言は、これまでにも科研費の改善に大きな役割を果たしてきた。

本中間まとめで示す審査方式の大幅な改革は、このような研究者の自律的改革努力の一環である。今回の改革は、いわゆる「系・分野・分科・細目表」の単なる手直しではなく、審査方式そのものの改革にまで踏み込んだものであり、科研費審査の約50年の歴史においてかつてない規模のものである。このとりまとめにあたっては、学術研究に対する以下の基本姿勢を基盤とした。

３．改革にあたっての基本姿勢

学術研究は、研究者の自主性と自律性とを前提とし、研究者自身が自由で内発的な知的創造力を最大限に発揮することにより、真理を追究する独創的で質の高い多様な「知」を生み出すことを目指すものである。自然、人間、社会に内在する「知」を探求し、それを追究し、「知」の限界に挑む新たな課題を設定し、未踏の分野を開拓する営みは、研究者個人の柔軟な思考と斬新な発想をもってこそなし得るものである。このようにして、これまでの「知」の蓄積の上に立つ質が高く独自の学術研究に向かう人材を育て、さらに学術の多様性を高める重厚な知的蓄積を形成することで、日本の社会や文化を豊かにすることが重要である。

また、学術は新しい課題の提案とそれらへの挑戦から始まることから、研究者個人の自由な発想に基づくとはいえ、学術研究の審査にあたっては、その提案が真に新しいものであることを判断する必要がある。それには、その提案が創造的で独自性のあるものであり、かつ新規なものであることを判断できる同じか近い分野で学術研究に切磋琢磨し「知」の最前線を知る研究者（ピア）が審査委員になり、評価する必要がある（ピアレビュー）。このため、学術研究を支援する科研費の課題審査においては、競争的環境下で、ピアレビュー（査読）により学術的価値の高い研究課題を選定することが求められる。

今回の「系・分野・分科・細目表」及び審査方式の見直しにあたっては、これらの点に十分留意した。

現行の「系・分野・分科・細目表」は、いうまでもなく科研費の審査区分を示すものである。しかし、それが学術分野を規定しているものであるかのような誤解が研究者の中にも広がっており、そのことが、審査区分の適切な改革を阻害する一因となっていることも否めない。したがって、今回の改革においては、現行の「系・分野・分科・細目表」を廃止し、科研費の新たな審査区分表を作成する。

この改革は、はじめに述べたように、科研費の審査制度の不断の改善の一環である。したがって、一定期間後の再評価とともに、学術動向や研究環境の変化に応じて、適切に改革を進めるべきことを付け加える。

4．中間まとめ

平成30年度公募からの科研費の審査は、「小区分・中区分・大区分」で構成される新しい審査区分で行う。それに伴い、現行の「系・分野・分科・細目表」は廃止する。下記に示すように、基盤研究（Ｂ・Ｃ）、挑戦的萌芽研究及び若手研究（Ｂ）の審査は３０４の「小区分」で行い、合議審査を行わない二段書面審査方式を採用する。基盤研究（A）及び若手研究（A）の審査は65の「中区分」で行い、総合審査方式を採用する。基盤研究（S）の審査は11の「大区分」で行い、総合審査方式を採用する。

4－1．基盤研究（B・C）等の審査区分（小区分）及び審査方式

○　現在、基盤研究等の応募件数は研究種目によって大きく異なっており、1細目当たりの応募件数が多い研究種目もあれば、応募件数が少ない研究種目もある。その審査にあたっては、現行では、321の細目を更にキーワードにより分割した344の審査区分ごとに審査を行っており、特に応募件数の多い基盤研究（C）では、キーワード分割により432の審査区分を設定している。

○　「細分化が進むことで、既存の学問分野に立脚した研究のみが深化し、新たな研究分野や異分野融合の研究は応募しにくいのではないか」との指摘を踏まえつつ、基盤研究（B・C）、挑戦的萌芽研究及び若手研究（B）のように現行1細目当たりの応募件数が多い研究種目については、学術の多様性に配慮し、

それを発展させる見地から、これまで醸成されてきた多様な学術に対応する審査区分として小区分を設定し、３０４に区分した。（注）

（注）最終的にはパブリックコメントの意見もとり入れ３０６の区分となった。

○この際、応募件数が多い場合には、これまでのキーワード分割ではなく機械分割を行うとともに、各小区分の説明文の中で「○○関連」と表記することにより、小区分が固定されたものではなく、研究の新たな展開や多様な研究の広がりにも柔軟に対応することができるよう配慮した。

○小区分においては、その内容を示す厳選したキーワードを付している。これは応募する研究者が各小区分の内容を理解しやすいように示しているものであり、小区分の内容をキーワードによって限定するものではない。したがって、キーワードに掲げられていない内容の申請を排除するものではない。

○この小区分による審査については、審査の公平性、信頼性を確保しつつ、審査委員の負担を軽減する見地から、現行の合議審査とは異なる「二段書面審査方式」を導入する。

なぜこのような方式としたかは、数の多い小区分の審査員が一堂に会する二段書面の部屋がなかったからである。その具体的な審査の方法については、今後速やかに検討する。

4－2．基盤研究（A）等の審査区分（中区分）及び審査方式

○基盤研究（A）及び若手研究（A）のように現行1細目当たりの応募件数が少ない研究種目については、学術の多様性にも配慮しつつ、競争的環境下で優れた研究課題の選定を行うことができるよう、いくつかの小区分を集めて総合的な観点からの審査を可能とする中区分を設定することとした。

○中区分においては、現行の細目ごとの書面審査を廃止し、適切な審査が可能と考えられる複数の小区分を集めた領域において審査することとした。その結果、相対評価が可能な審査区分として65の中区分を設定した。そのため、同一の審

査委員による書面・合議審査（以下「総合審査」という）を導入する。

○　応募件数が多い場合には、総合審査が可能な件数となるよう機械分割を行う。また、いくつかの小区分については、複数の中区分が用意されており、応募者が中区分に含まれる他の小区分を見渡して自らの申請課題に最も相応しいと思われる中区分を選択することができるようにした。

○　総合審査においては、審査委員全員が全ての応募課題について書面審査を実施した上、同一の審査委員が合議審査の場で議論によって採否を決定することにより、個別の小区分に囚われることなく優れた研究課題を選定するとともに、新しい学術の芽を見出すことにも資すると期待される。また、この新たな審査方式への参画を通じて、研究者（応募者及び審査委員）の活動が学術動向の変化に応じて発展し、より創造的、挑戦的となるよう促すことも期待される。

4－3．基盤研究（Ｓ）の審査区分（大区分）及び審査方式

基盤研究（Ｓ）の審査方式は書面審査までは（Ａ）と同じであるが、ヒアリング

を行うところが異なっている。

⑷ ～承～後～　学問の自由について

学問がそれでも禁じられるべきこともある。

基本的人権には優先すべきことがあるからだ。

「学問の自由」も命がなければ意味がない。

他の武器に比べ守る手立てがない核兵器や毒ガスなどの大量殺戮兵器は、中でも禁ずべきではないだろうか。さらに人を物理的に変えてしまう核移植や遺伝子導入などの研究も基本的人権に抵触する。

このことについては、既に学術月報で次のように報告をした。

月刊『学術の動向』　日本学術会議　２０２０ 勝木元也

・【特集】：ゲノム編集のヒト胚等への応用について　からの引用

・人とは何か

そもそも人とは何かを考えてみたい。人は自然物である。人工物ではない。したがって造ることができないのだ。

しかし造り換える技術ができあがった。それがゲノム編集である。

２０１２年シャルパンティエ博士とダウドナ博士によって発明されたゲノム編集技術 CRISPR/CAS9 は、目的の遺伝子に二重鎖ＤＮＡ切断を入れ、その修復過程で切断箇所に変異を導入する分子機構である。この技術は、主として２つの目的に使われる。第1は、狙ったゲノム配列ＤＮＡに二重鎖切断を入れ、切断点への欠失や挿入変異の導入である（非相同両端結合変異）。変異の導入確率は、マウス（ヒト）では、ほぼ１００％である。第2は、二重鎖切断までは第1と同様であるが、その部位を目的の塩基配列に代えることである。目的の配列（ドナーＤＮＡ）との組換えは、当該細胞の相同組換え機構に依存して起こるから、実際の成功率は、10％以下と高くない。

他方、これまでの遺伝子導入や胚性幹細胞（ES細胞）を使った遺伝子導入による変異体の作製は、メカニズム不明のまま、相同組換え体を選択するものであった。しかし、この方法では目的に叶うものが得られるとは限らない。

ゲノム編集は、古細菌のゲノム編集機構を、すべての生物に応用できるように技術化したところに革命性がある。

ヒトの基本的人権は個人の持つ唯一無二のゲノム配列によっている。

ヒトの多様性とは、約75億人の一人一人が、唯一無二のゲノム配列を持っていることである。人は、生まれ付き、誰にも支配されず自由に生きる権利を持つ（基本的人権あるいは尊厳）。その根源は、この唯一無二のゲノム配列にある。ヒトは父と母とからそれぞれ半分ずつの遺伝子セットを引き継ぐが、兄弟姉妹といえども、まったく同じものは伝わらない。さらに受精卵の段階でランダムな場所に変異が頻繁に起こり（平均70箇所）、父母のいずれにもない変異を持っていることが最近明らかになった。一卵性双生児といえども、ゲノムの修飾であるエピゲノム変化は異なっているのだから、一人としてまったく同じゲノム配列を持つものはいないと考えて良い。この多様性の意味や価値はすぐには判断できないが、ペストが流行した欧州において生き残った人々の一部は、流行以前にペスト耐性遺伝子変異を持っていたと考えられている。偶然に起こったこの変異は、ペストが流行して遺伝子の働きが顕在化しない限り表に現れず、あらかじめわかっているものではない。本人にとっても、周りの人々にとっても胚に生じた偶然の幸運を後から知ることになる。これこそ、多様性の底力といえよう。

ヒト胚へのゲノム編集の応用は、個人のゲノム配列を恣意的に変更するものであることから、多様性生成の根本を破壊するものである。

しかし、遺伝病に苦悩する家族にとって、以上のような抽象的なドグマとも取られる考え方に、充分な説得力があるとは思えない。例外があるのではないかと模索する科学者、技術者たちも大勢いるはずだ。

実際に応用した場合に実現可能か、否かを実践に即して検討してみよう。

・ゲノム編集技術のヒト胚へ応用は技術的に可能か

ゲノム編集のヒト胚への応用のプロセスを具体的に解説したい。

まず、最も期待されている遺伝病のゲノム編集治療を取り上げてみよう。治療しようとする変異周辺のゲノム配列を決め、治療対象の受精卵が、当該変異遺伝子を持っているか否かを調べなければならない。ヘテロに変異を持つ母（父）親と正常な父（母）親から得られる受精卵の半数は変異遺伝子を持つヘテロ型であり、残りの半数は変異を持たない受精卵である。遺伝子治療を施すには、変異遺伝子を持つ受精卵を選び出す必要がある。しかし、ゲノム配列を決めるには、胚を破壊しなければならないから、変異を見つけたとしても治療対象は失われている。

それでは変異体を選別せず、半分の確率ではあるが、変異遺伝子を持たない受精卵にもゲノム編集を施せば良いのではないかという考え方もあり得る。この場合、対象の変異遺伝子は、正常に置き換えられて治療できるし、正常遺伝子だけであっても、正常が正常に置き換えられるのだから問題ないとするものである。本当にそうなのか。現在10％弱しか起こらない相同組換えがたまたまうまく行ったとしても、二重鎖切断による変異は正常染色体にも起こるから、両端での欠失や挿入変異が正常遺伝子に起こり、変異を持たない胚にも、新たな変異を加えることになる。まして、10％程度の正常化率であれば、安全とはいえない。オフターゲットの問題も既に指摘されているところである。

また、胚盤胞の1細胞（ダミー）の配列を調べ、50％の確率で生じる正常胚だけを移植するというやり方もあり得るが、正常でなかったら破棄するのだから治療ではなく、「命の選別」をヒトの生命の萌芽の段階で行う非倫理的行為である。

しかし、遺伝子治療技術がさらに進んで、変異遺伝子だけに、ほぼ100％治療ができる技術ができたとしよう。この場合でも、本当に変異遺伝子だけが正常化しているかを調べる必要がある。失敗していれば破棄するのだから、前項と同様治療とは言えない「命の選別」にかかる非倫理的行為である。

ＩＰＳ細胞に遺伝子治療を施し、精子を作製し受精させる方法や、優性遺伝疾患の場合の変異遺伝子破壊も、受精卵同様、変異だけを正常化したり破壊したりすることは困難である。

一方、確率的に起こる新規変異による遺伝病にゲノム編集を施すのは、特定の遺伝病をターゲットにしたとしても、唯一の胚の変異ゲノム配列を決めることは胚の破壊が前提であるから、そもそも不可能である。

遺伝子治療以外のヒト胚への応用はどうか。ヒトは代謝系だけを考えても多くの遺伝子の発現するネットワークシステムである。[1] １遺伝子に変異を導入したり、組換えたりすれば、それに関与する遺伝子が「芋づる式」につながっており、表現型はまったく予測できない。すなわち、遺伝子治療以外のヒト胚への応用も目的を達成できるとはいえず、安全ともいえないのである。

・ヒト以外の生物胚へのゲノム編集技術の応用の問題点

人類は、家畜の育種や、食糧（食料）となる穀類や野菜などの植物の品種改良を有用な形質の選択を通して行ってきた。そもそも自然に起こる変異の頻度は、極めて低く、ランダムに起こる現象である。その数少ない変異の中から、有用形質を選び出し、何代も交配して固定する。育種や品種改良の本質は長い年月をかけた継代による有用形質の選択である。しかし、有用な変異は、あらかじめわかっているわけではないから選択に幸運を期待するしかない。

一方、ゲノム編集は特定の塩基配列に変異を導入し、あるいは目的の遺伝子に組換えることができる。この技術は生物種を問わない。動物や植物、微生物や培養細胞でも、ありとあらゆる生物に応用できる。

もし、この技術を使って、変異を狙ったところに起こすことができれば、育種や品種改良は格段に進むのではないか。計画的かつ予見的に変異を導入すれば、ランダムに起こる変異を長い時間をかけて継代によって表現型で選択する必要もない。開発にかかる費用と労力が軽減できるはずだ。夢のゲノム編集技術は、企業家や現場の科学技術者たちに受け入れられた。

しかし、本当に選択なしに目的の育種ができるのか。肉をたくさん作る魚の筋肉の増殖抑制因子（Myostatin）を破壊したとする。筋肉の増殖と抑制は、多くの遺伝子が関与するネットワークシステムとして働いている。増殖抑制遺伝子の変異は、筋肉の再生や糖脂質代謝などにも変化を与えることがわかっている。増殖抑制を変異させることで筋肉だけではなく、代謝のバランスが狂う。バランスが狂えば、様々な表現型が現れる。もし野生に放てば、食性が変化して、在来種と質的にも量的にも競合する可能性がある。これは、在来種を絶滅に追い込む有害外来種と同じで、多様性を破壊する。すなわち、既知の遺伝子破壊であってもその表現型を自然が受け入れるかどうか慎重に見極める必要があるのだ。かつて、組換えＤＮＡ実験の実施にあたって、人及び自然界への未知の危険性を排除するために分子生物学者たちが米国アシロマに集まった。１年間の組換え実験の猶予を決め、自らの指針を作った。そのアシロマ会議の考え方の基本は、組換え体に標識を付け、それを実験者が制御できる安全な空間に物理的に封じ込め（Ｐ１～Ｐ４）、外部に出た場合には死滅するように生物学的封じ込め（Ｂ１、Ｂ２）を行うことであった。この考え方は、ゲノム編集食品についても、参考にされるべきではないか。生物多様性を維持することと、経済生物として特定できる標識を付け、許可制・登録制にすべきであろう。

・生殖補助医療技術について

生殖補助医療は、体外にヒト胚を取り出し、体外受精し、培養し、母体へと移植する技術である。体外に取り出され、時に凍結保存され、培養されるなど、人工的な過程を経て生まれた子供たちが順調に育つのか。最近、懸念すべき研究結果も報告されていることを指摘したい。

私は１９８２年米国メイン州にある"The Jackson Laboratory"に約２年間留学し、マウスの発生工学技術を取得した。(2) その後も、マウスをモデルに発生工学の経験を積んできた。その経験から、一見、正常に見える体外培養胚から、潜在的に病気のない、行動などの高次機能も正常な個体が生まれるのだろうかという懸念を抱き続けてきた。以下、いずれもマウスを基盤としているが、ヒト胚でも懸念すべき問題があると考えられるものである。

1．体外受精には精子の選択に偏りがある。顕微授精は受精過程を経ていない。自然の選択が皆無である。後代の精子形成は正常か。

2．体外培養は、膣や子宮内の環境に比べ、酸化ストレスが大きい。そのため、様々なストレス効果が残っている可能性がある。

3．胚は凍結保存され、融解後に用いられている。凍結胚を常温に戻し、これを胚盤胞まで培養し、腔内の液状物質をプロテオームで測定した結果、ヒートショックタンパク質（HSP90）が最も多く検出された[3]。猩々蝿での実験では、幼虫を37℃で培養中に短期間42℃で培養し、ヒートショックを与えて元に戻して培養を続けると、ハエの支脈の形態が変化する（ヒートショック効果）。環境変化が、何らかの形態形成に影響を与えた例である。

4．ヒトでは、第2次大戦後（1945年）、飢餓状態の婦人から生まれた子供の多くが歳を経て病的肥満になった例が報告されている（オランダの飢餓）。これは胎児の時代に母親と貧栄養状態を分かち合い、栄養を蓄えるための遺伝子が活性化されたためだと解釈されている。胎児期に母親の栄養環境を遺伝子修飾として受け継いだ例である。胚発生期のストレス効果は残らないのか。

5. また、やはり過食による遺伝子発現調節の変化が男子の病気として隔世遺伝することも報告されている(4)。すなわち、体外に取り出したために起こるストレスがいかなるものであるにせよ、生殖補助医療を継続するにあたって、検討すべきテーマである。しかも、新規胚でなく余剰胚でできる研究である。

・自然物と人工物

我々の周りは、人工物に溢れている。ここで議論する人工物とは、人がその生活のために作り出す日用品はもとより、経済システムやデジタル社会に必須な情報通信機器及び人工知能など人が作ったものと定義する。人工物の仕組みは作った人にはわかっており、壊れたら修理し、また、設計図に従って、新しく同じものを作ることができる。

一方、自然物は、その仕組みが不明のまま存在するものである。森羅万象、人工物以外はすべて自然物である。人は生まれるものである。人は造ることができない。生き物（生物：生命の定義が曖昧だから生命体という言葉は私は使わない）は、その存在の仕組みを知る設計図がない。宇宙創造以来、あらゆる秩序は、エントロピー増大（無秩序化）の法則に抗して自己組織化（秩序化）してきた。自然物やそのシステムの生成は、「偶然の奇跡」の産物であって、設計図は存在しない。シュレディンガーの『生命とは何か』（1951年）によると、生物は負のエントロピーを食べながら秩序を維持している存在である。遺伝子は生物の設計図であるというドグマに、現代生物学は縛られすぎていないか。ゲノムは複雑系である生物の要素のカタログにすぎない。

また、「偶然の奇跡」と考えれば、すべての自然物が、唯一無二の存在であって、人工物で置き換えることはできない。中でも人は、個人に至る多様性があり、しかもそれぞれの個人は、他者との違いを直感的に教えられなくてもわかる「意識」を持つ自然物である。自然物を人が制御しようとするとき仕組みを操作する手掛かりさえない。例えば、天候は、気流や気圧、気温や海水温や水蒸気量などが手掛かりになると考えられる。しかし、測定はできても、システム全体の要素について理解できない以上、制御することは困難である。最近の気候温暖化に対しても、複雑系（非線形で要素の相互作用による単純な予測が困難な系）の一要素である温暖化ガスの制御だけでも困難なのに、一要素だけを制御しても、系自体の変数は極めて多く、制御は不可能に近い。

さて、複雑系である自然の秩序形成（自己組織化）に現代文明は介入しすぎてはいないか。人は生物であり、自然物であるが、同時に人工物の担い手でもある。その人が、仕組みがわかっていない自然物である人の遺伝子を操作することは、傲慢にも人を人工物化しようとするものである。蛇足として付け加えるなら、現代の支配者たちが希求するデジタル社会の構築は、スマホ中毒に現れているように、目や指や耳などの感覚及び効果器官はもとより、それらを支配する脳の中枢に不可逆的な配線構造を作り出す。自己組織化によってリアル社会に応じた配線の成長を促し、個性を育み、自由な社会を理想とする普通の人々にとって、デジタル社会は極めて危険な人の人工物化であると思う。

また心理学や洗脳も人の行動を支配できるものである。極めて危険な技術であり、直ちに人への適用を中止すべきである。病気の治療も禁ずべきである。

引用文献

（1）Weinberg RA; Cell 157, 2014, 267-271
（2）勝木元也著『発生工学実験マニュアル』講談社サイエンティフィク　１９８７年
（3）Jensen PL et al.; Stem Cells Dev. 2013, 1-10
（4）Kaati G et al.; Eur. J. Hum. Genet. 2002, 10, 682-688

また、日本学術会議は軍事研究の中止を宣言する声明を出した。

軍事研究の中止に関する学術会議声明　２０１７
軍事的安全保障研究に関する声明
平成29年（２０１７年）３月24日 第２４３回幹事会
日本学術会議

日本学術会議が１９４９年に創設され、１９５０年に「戦争を目的とする科学の研究は絶対に、これを行わない」旨の声明を、また１９６７年には同じ文言を含む「軍事目的のための科学研究を行わない声明」を発した背景には、科学者コミュニティの戦争協力への反省と、再び同様の事態が生じることへの懸念があった。近年、再び学術と軍事が接近しつつある中、われわれは、大学などの研究機関における軍事的安全保障研究、すなわち、軍事的な手段による国家の安全保障に関わる研究が、学問の自由及び学術の健全な発展と緊張関係にあることをここに確認し、上記２つの声明を継承する。

科学者コミュニティが追求すべきは、何よりも学術の健全な発展であり、それを通じて社会からの負託に応えることである。学術研究がとりわけ政治権力によって制約されたり動員されたりすることがあるという歴史的な経験を踏まえて、研究の自主性・自律性、そして特に研究成果の公開性が担保されなければならない。然るに、軍事的安全保障研究では、研究の期間内及び期間後に、研究の方向性や秘密性の保持をめぐって、政府による研究者の活動への介入が強まる懸念がある。

防衛装備庁の「安全保障技術研究推進制度」（2015年度発足）では、将来の装備開発につなげるという明確な目的に沿って公募・審査が行われ、外部の専門家でなく同庁内部の職員が研究中の進捗管理を行うなど、政府による研究への介入が著しく、問題が多い。学術の健全な発展という見地から、むしろ必要なのは、科学者の研究の自主性・自律性、研究成果の公開性が尊重される民生分野の研究資金の一層の充実である。

研究成果は、時に科学者の意図を離れて軍事目的に転用され、攻撃的な目的のためにも使用され得るため、まずは研究の入り口で研究資金の出所などに関する慎重な判断が求められる。大学などの各研究機関は、施設・情報・知的財産などの管理責任を有し、国内外に開かれた自由な研究・教育環境を維持する責任を負うことから、軍事的安全保障研究と見なされる可能性のある研究について、その適切性を目的、方法、応用の妥当性の観点から技術的・倫理的に審査する制度を設けるべきである。学協会などにおいて、それぞれの学術分野の性格に応じて、ガイドラインなどを設定することも求められる。

研究の適切性をめぐっては、学術的な蓄積に基づいて、科学者コミュニティにおいて一定の共通認識が形成される必要があり、個々の科学者はもとより、各研究機関、各分野の学協会、そして科学者コミュニティが社会とともに真摯な議論を続けていかなければならない。科学者を代表する機関としての日本学術会議は、そうした議論に資する視点と知見を提供すべく、今後も率先して検討を進めていく。

ゲノムを恣意的に変えるゲノム編集は人に対して実施すべきではない。もし人に実施すれば人格を変えてしまう可能性が高いからである。その点では心理学や洗脳なども基本的人権に抵触する。これら3点は現在可能な技術を使ってできるものであるから直ちに禁止すべきである。

一方、学問が連携すべき場合がある。

気候温暖化が人類によるものだと確実になった現在、人類が絶滅する危機にあって、それぞれの研究者が自由に研究を続けられるのか。気候変動の研究はもちろん、生物が絶滅していく過程の研究や様々な物理的現象や化学的現象を世界中で連携して研究する必要はないか。

既に始まっているのだろうが、世界的規模の連携が必要である。自由な研究をしながらでも。

(5) ～転～　審査方式の見直し

さて審査システムの改革に戻ろう。それまでは分野にかかわらず、これまで同じ2段階審査方式であった。具体的には1段目の審査委員が書面審査して評点を付け、それをもとに関連分野の区分をまとめた2段目の合議審査で採択を決めるのだから、実質的な合議はなされていなかった。すなわち、2段階での審査制度をとってはいるが、形骸化していたといえる。

それでは本格的な合意制度はどのようなものか。

1段目で点数を付け評価を文章で記載する。その上で2段目の審査のために同じ審査員が一堂に集まり、点数ではなく議論で決めることであろう。特に、大括りした審査区分においては、十分な意見交換が重要であり、審査区分の見直しとともに、審査方式をそのような形に見直すことも必要と考えられた。一方、審査区分ごとに一堂に集まり合議審査を行うことは、実施のための場所や日程調整が実施上の問題となる。大区分・中区分までは何とか部屋を仕切って対応できそうだったが、小区分となると人数の多さから一堂に会することは無理であった。そのとき、先に述べたように西田委員から2段目を書面審査にしたらどうかという提案があった。書面であれば集まる必要がない。すぐに採用され、基盤研究B、Cや若手研究などの小区分に適用することになった。こうして審査システムの骨格ができ上がったのである。

結果として全て議論によって採否を決めるという、これまでと全く異なるシステムとなった。この方式は、諸外国では既に「STUDY SECTION」として広く採用されている。科研費審査においては、1段目の書面審査と2段目の一堂に会しての合議審査で行う方式を「総合審査」と呼び、2段階目の議論を書面で行う方式を「2段階書面審査」と呼ぶことにした。

この改革は、変革ともいえるもので、最初の審査会では大きな戸惑いが予想された。総合審査においては、２段階目の議論が重要になる。特に、議事を司る主査の役割が非常に大きい。そこで、総合審査を始めるにあたっては、科研費改革２０１８の本番の前に、まず、規模の比較的小さい特設分野研究において試行した。特設分野研究の各審査区分の主査には、審査の前にあらかじめ集まってもらい、審査のガイドラインを共有するとともに、議事の進め方についてセンター研究員から説明を行った。総合審査を特設分野研究で行うことは、日本学術振興会にとって試行とはいえ初めての経験であったが、このような準備によってうまく進めることができた。また、そこで得られた運営の経験は、科研費改革２０１８に総合審査方式を取り入れる上で、大きな自信と実施根拠を与えることとなった。

一方、２段階書面審査については、どのように行うのが効果的かという議論の末、採択のボーダーライン付近の申請課題、及び、１段目の書面審査で議論が必要と考えられる課題について行うこととし、審査負担の軽減を図った。その上で、各区分の審査委員が書いた1段目の審査意見を当該区分の審査委員が見て、それを参考にして評価するという方式をとった。他の審査委員の意見により、新たな気づきが得られることもあり、一堂に会しての議論ほどでないにしても、審査委員どうしの意見交換ができるようにした。審査区分が大きい種目（基盤研究B、Cや若手研究など）については、この方式がとられた。

この総合審査、2段階書面審査は、5年たった今でも概ねうまく運用されているようである。実質的な議論に基づいて審査を行う本来の姿が、この改革で実現された意義は大きい。

(6) ～結～　研究計画調書

次に最も重要なことがある。それは審査の鍵となる申請書（調書）の中身である。

従来は、目的は何か、何をどこまでやるかを中心に業績を評価の重要な要素としてきた。したがって、点数も付けやすかった。

議論で行おうという審査は創造性・新規性・新奇性・独自性などを議論の対象とすることとした。テーマを解くのではなくテーマにあるアイデアの核心を求めた。もちろん評価には創造性・新規性・新奇性・独自性などが重要な要素となる。「問い」を解くというのではなく、学んだ後に「問い」が生まれるという内発的なアイデアが革新だと考えたからである。

たとえてみると、既存の道路の修理工事の計画ではなく、新しい道路計画をどのような目的と方法で行うかが問題なのである。

最後の主任研究員会議で、伊藤裕主任研究員が、計画にはPLANとPROPOSALの意味があるが、計画調書というのは曖昧すぎないかという疑問が呈された。この意見は傾聴に値すると思い、即座に決定した。したがって計画調書（PLAN）ではなく研究計画調書（PROPOSAL）となった。

書くべきことは、アイデアの核心、目的、方法、創造性、そして業績である。アイデアの核心、目的については、申請書の記入事項に、「⑴本研究の学術的背景、研究課題の核心をなす学術的「問い」、⑵本研究の目的及び学術的独自性と創造性、⑶本研究で何をどのように、どこまで明らかにしようとしているのか記述してください。」と記載し、申請者が特に留意することを求めた。この中の「研究課題の核心」というところが、科研費改革2018で新たに示されたもので、研究計画を提案する際の基本として、研究者コミュニティーに対する強いメッセージとなった。

業績については、これまで、多くの論文のリストを掲載することが一般に行われてきた。いってみれば、論文の数が重要な評価要素であるという業績至上主義が念頭にあったものと思われる。そこで、このような考えから180度方向転換して「研究遂行能力と研究環境」という項目に変えて、提案している研究課題を遂行できることを、様々な角度から記述できるようにした。過去の業績についても、審査における議論の俎上に乗り得る10編程度を挙げることにした。すなわち、業績で能力を数というパワーで測るのではなく、質で測ることにした。ここも点数から議論へとガラリと変わった点である。

大区分、中区分で審査される研究種目（それぞれ、基盤研究Ｓ、基盤研究Ａ）については、申請者の専門分野以外の審査委員も審査に加わる。そのために、研究計画調書の記述にあたっては、より広い視野に基づく記述が求められるようになっている。このことも、今回の改革の大きな変更点である。申請者が自らの研究をより広い分野の中に位置付けること、そして、審査委員も自らの専門を越えた気づきを獲得できることを通して、我が国の研究力向上につながる契機となることを祈念している。

２０２３年の今、突如として「生成ＡＩ」が登場した。早速「宇宙とは何か、人間とは何か」問うてみたが返事がない。質問の仕方が悪いのかもしれないと思い質問を変えてみたがまだ返事がない。困ったものだ。

私は人格も人権もない「ＡＩ」に意見を聞いたり相談したりすることの危険性を強く感じる。まして「自立型ＡＩ兵器」などの出現はもってのほかではないか。これも人権蹂躙で即座に禁止すべきではないか。

それにしても審査へのＡＩの影響がどのようなものかわからないが、克服すべきものである。

ともあれ審査にとって重要な影響が懸念される。

それでも「生成ＡＩ」とうまく付き合っていくしかないであろう。

一難去ってまた一難とは神様もお人が悪い。いや神様が悪い。

（完）

あとがき

本書を書き終わって、やはり気になるのは「生成ＡＩ」の登場である。本書を書き終わってもさらに悪化し、人権蹂躙に進んでいる。国際的に規制をかける動きがあるが、それではまったく足りないと思う。核兵器同様、廃絶し、新しいものの生産を禁止すべきである。

規制など生ぬるい。禁止！禁止！禁止!!

人類から思考力を奪い、人類をコントロールできる力を持つものを存在させてはいけない。そして、もっと、どんどん「本」を読もう。「馬鹿」になるぞ!!

「科研費システム改革」は、日本学術振興会全員による渾身の『プロジェクトX』であった。

謝辞

本書は、主任研究員会議に出席し議論をしてくださった皆さんによって生まれたものである。本書を書くにあたって、当時ＲＣＳＳにおられた村松岐夫副所長、山本智主任研究員、および日本学術振興会職員の今野久乃さんには、内容に誤りがないか精査をしていただいた。

記して、ここに感謝の意を表する。

〈著者紹介〉

勝木元也（かつき もとや）

昭和 37 年　東大理科１類入学、理学部生物化学科を経て、理学系大学院に進学、応微研二研で研究を始める。２年目に安田講堂占拠事件があり、東大での研究を諦め、故郷の九州大学博士課程に編入学。ポスドクを慶應義塾大学の渡邊格教授の指導で２年間学振特別研究員として研究を行う。

東海大学教授、九州大学生医研教授、東大医科研教授を経て岡崎共同研究機構基生研所長を歴任し定年を迎える。

定年後、自然科学研究機構理事、学術振興会学術研究センター副所長、相談役、顧問を経て、現在、名誉シニアフェローに至る。

科研費《かけんひ》システム改革《かいかく》と科研費《かけんひ》獲得《かくとく》の真髄《しんずい》

2024 年 9 月 20 日　第 1 刷発行

著　者　　勝木元也
発行人　　久保田貴幸

発行元　　株式会社 幻冬舎メディアコンサルティング
〒151-0051　東京都渋谷区千駄ヶ谷4-9-7
電話　03-5411-6440（編集）

発売元　　株式会社 幻冬舎
〒151-0051　東京都渋谷区千駄ヶ谷4-9-7
電話　03-5411-6222（営業）

印刷・製本　中央精版印刷株式会社
装　丁　　弓田和則

検印廃止

ISBN 978-4-344-69157-5 C0095
幻冬舎メディアコンサルティングＨＰ
https://www.gentosha-mc.com/